Über dieses Buch

Der Bürgerkrieg, der seit über zwei Jahrzehnten Angola nicht zur Ruhe kommen läßt, wird in dieser großartigen Reportage Kapuścińskis zum exemplarischen Ereignis. Als einziger ausländischer Journalist hielt er sich in Angola auf, als die portugiesische Kolonialmacht den Rückzug angetreten hatte und ein politisches Chaos hinterließ, in dem sich die rivalisierenden Befreiungsbewegungen bis heute ihre Machtkämpfe liefern. Mit detailgenauem Blick für den Zerfall der sozialen Strukturen und der Moral, für die unvorstellbaren Grausamkeiten des Krieges, für Angst, Not und Verzweiflung der Menschen schuf Kapuściński aus der Innensicht eines Eingeschlossenen heraus eine zeitlose Parabel auf die Unmenschlichkeit des Krieges.

Der Autor

Ryszard Kapuściński, 1932 in Pinsk, einer Kleinstadt, die heute zu Weißrußland gehört, geboren, war seit den fünfziger Jahren als Korrespondent in Asien, Lateinamerika und Afrika unterwegs. Kapuściński gilt als einer der bedeutendsten Journalisten unserer Zeit. Er schrieb 13 Bücher, die in mehr als 30 Sprachen übersetzt wurden. Im Fischer Taschenbuch Verlag sind bisher erschienen: ›Der Fußballkrieg, (Bd. 11063), ›Imperium‹ (Bd. 12851) und ›Lapidarium‹ (Bd. 12852). Weitere Bände sind in Vorbereitung

Unsere Adresse im Internet: www.fischer-tb.de

Ryszard Kapuściński

Wieder ein Tag Leben

Innenansichten eines Bürgerkriegs

Aus dem Polnischen
von Martin Pollack

Fischer
Taschenbuch
Verlag

2. Auflage: April 2001

Veröffentlicht im Fischer Taschenbuch Verlag GmbH,
Frankfurt am Main, Januar 1999

Lizenzausgabe mit freundlicher Genehmigung des
Eichborn Verlages, Frankfurt am Main
Titel der Originalausgabe: ›Jeszcze dzień życia‹

Gesamtherstellung: Clausen & Bosse, Leck
Printed in Germany
ISBN 3-596-12853-6

Eine Stadt wird zugemacht

Drei Monate wohnte ich in Luanda, im Hotel *Tivoli.* Aus dem Fenster hatte ich einen Blick auf die Bucht und den Hafen. Vor der Küste lagen einige Handelsschiffe europäischer Überseelinien. Ihre Kapitäne waren über Funk mit Europa verbunden und wußten besser Bescheid, was in Angola geschah, als wir, die in der eingeschlossenen Stadt lebten. Als die Nachricht um die Welt ging, daß die Entscheidungsschlacht um Luanda näher rückte, fuhren die Schiffe weit hinaus aufs Meer und gingen am Horizont vor Anker. Mit ihnen rückte auch die letzte Hoffnung auf Rettung in weite Ferne, denn eine Flucht auf dem Landweg war unmöglich, und es gab Gerüchte, daß der Feind jederzeit den Flughafen bombardieren und unbenützbar machen könnte. Als sich später herausstellte, daß der Angriff auf Luanda verschoben wurde, kehrte die Flotte in die Bucht zurück, wo sie erfolglos auf die Zuladung von Kaffee und Baumwolle wartete.

Die Bewegung dieser Schiffe stellte für mich eine wichtige Informationsquelle dar. Wenn sich die Bucht leerte, bereitete ich mich auf das Schlimmste vor. Ich horchte, ob der Donner der Artilleriegeschütze näher kam. Ich zerbrach mir den Kopf, ob es vielleicht der Wahrheit entsprach, was sich die Portugiesen zuflüsterten, daß nämlich in der Stadt zweitausend Soldaten Holden Robertos versteckt waren, die nur darauf warteten, ein Massaker zu veranstalten. Doch inmitten dieser Zweifel kehrten die Schiffe wieder zurück in die Bucht. In Gedanken begrüßte ich die unbekannten Seeleute wie Befreier: Für einige Zeit versprach es ruhig zu bleiben.

Im Nebenzimmer wohnten zwei alte Menschen – Don Silva, ein Diamantenhändler, und seine Frau, Dona Esmeralda, die langsam an Krebs dahinsiechte. Sie durchlebte ihre letzten Tage ohne Hilfe und Linderung, denn die Spitäler waren geschlossen, und die Ärzte hatten sich davongemacht. Ihr Körper versank, schmerzgekrümmt, in einem Berg Kissen. Ich hatte Angst, bei ihr einzutreten. Einmal fragte ich sie, ob es sie nicht störte, wenn ich nachts auf der Schreibmaschine hämmerte. Ihr Geist tauchte für einen Moment aus den Schmerzen auf, gerade lange genug, daß sie sagen konnte: Nein, Ricardo, mich kann nichts mehr vom Sterben abhalten.

Don Silva lief stundenlang im Korridor auf und ab. Er zankte sich mit allen, verfluchte die ganze Welt, und sein Nacken schwoll vor Zorn dick an. Er brüllte sogar die Schwarzen an, obwohl die in jenen Tagen von allen mit ausgesuchter Höflichkeit behandelt wurden, einer unserer Nachbarn hatte es sich sogar zur Gewohnheit gemacht, wildfremde Afrikaner auf der Straße anzuhalten, ihnen die Hand zu reichen und sich tief vor ihnen zu verneigen. Die dachten, der Krieg habe ihm die Sinne verwirrt und wandten ihm schleunigst den Rücken. Don Silva wartete auf die Ankunft Holden Robertos und fragte mich, ob ich etwas darüber wisse. Der Anblick der ausfahrenden Schiffe erfüllte ihn mit größter Freude. Er rieb sich die Hände, reckte sich und bleckte seine künstlichen Zähne. Trotz der drückenden Hitze trug er ständig warme Kleidung. In die Nähte seines Anzugs hatte er ganze Rosenkränze von Diamanten eingenäht. Als es einmal schien, daß die FNLA schon vor dem Hoteleingang stände, zeigte er mir in einer Aufwallung von Freude eine Handvoll glänzender Steine, die aussahen wie zerstoßenes Glas. Es waren Diamanten. Im Hotel sagte man, Silva trage Steine für eine halbe Million Dollar bei sich. Das Herz des Alten war zerrissen. Er wollte mit seinen Reichtümern fliehen, doch die Krankheit Dona Esmeraldas hielt ihn zurück. Er hatte Angst, wenn er sich nicht unverzüglich davonmachte, könnte ihn jemand verraten und man würde ihm seine Schätze wegnehmen. Er ging nie auf die Straße und wollte sogar ein zusätzliches Schloß anbringen lassen, doch alle Fachleute hatten Luanda längst verlassen, und es fand sich keiner, der diese Arbeit ausführen konnte.

Mir gegenüber wohnte ein junges Paar – Arturo und Maria. Er war Kolonialbeamter und sie eine ruhige, schweigsame Blondine mit verschleierten, sinnlichen Augen. Sie warteten auf die Abreise, aber zuerst mußten sie ihr angolanisches Geld in portugiesische Währung umtauschen, und das dauerte Wochen, denn vor den Banken warteten kilometerlange Schlangen. Unsere Putzfrau, eine flinke, warmherzige Alte – Dona Cartagina –, vertraute mir in empörtem Flüsterton an, daß Arturo und Maria in wilder Ehe lebten. Das heißt, sie lebten zusammen wie Schwarze, wie diese Gottlosen von der MPLA. In ihrer Wertskala war das die niedrigste Stufe, auf die weiße Menschen sinken konnten. Auch Dona Cartagina wartete auf die Ankunft Holden Robertos. Sie wußte nicht, wo seine Truppen standen und fragte mich heimlich nach neuen Informationen. Sie fragte auch, ob ich positiv über die FNLA schreibe. Ich sagte, ja, enthusiastisch sogar. Dankbar putzte sie mein Zimmer stets auf Hochglanz, und wenn es in der Stadt nichts zu trinken gab, brachte sie mir – ich weiß nicht, woher – eine Flasche Wasser.

Maria behandelte mich wie einen, der seinen Selbstmord vorbereitet, weil ich ihr gesagt hatte, ich wolle in Luanda bis zum Tag der Unabhängigkeit Angolas, bis zum 11. November, ausharren. Ihrer Ansicht nach würde bis dahin in der Stadt kein Stein auf dem anderen bleiben. Alle würden umkommen und die Stadt sich in einen riesigen Friedhof verwandeln, auf dem Geier und Hyänen hausten. Sie riet mir, rasch abzufahren. Ich wettete mit ihr um eine Flasche Wein, daß ich bleiben und sie am 15. November um fünf Uhr nachmittags in Lissabon im eleganten Hotel *Altis* treffen würde. Ich verspätete mich zu diesem Rendezvous, doch Maria hinterließ an der Rezeption eine Nachricht, daß sie auf mich gewartet habe und am nächsten Tag mit Arturo nach Brasilien reise.

Das Hotel *Tivoli* war zum Bersten voll und erinnerte an unsere Bahnhöfe gleich nach dem Krieg, vollgestopft mit Menschenmassen, die einmal aufgeregt waren und dann wieder apathisch, mit Bergen nachlässig verschnürter Bündel. Überall roch es schlecht, säuerlich, über dem ganzen Gebäude lag zähe, klebrige Schwüle. Die Menschen schwitzten vor Hitze und Angst. Es herrschte eine apokalyptische Stimmung, und alle warteten auf ihr Ende. Einer brachte die Nachricht, daß in der Nacht die Stadt bombardiert würde. Ein anderer hatte erfahren, daß die Schwarzen in ihren Vierteln die Messer wetzten, um sie an portugiesischen Kehlen auszuprobieren. Jeden Moment konnte der Aufstand losbrechen. Welcher Aufstand? fragte ich, um darüber nach Warschau zu berichten. Keiner konnte es genau sagen. Einfach – der Aufstand, aber was für ein Aufstand, das würde sich zeigen, wenn er losbrach.

Die Gerüchte erschöpften alle, zerrten an den Nerven, machten jedes Denken unmöglich. Die Stadt lebte in einer Atmosphäre der Hysterie, sie bebte vor Angst. Die Menschen wußten nicht, wie sie mit der sie umgebenden Wirklichkeit fertig werden sollten. Wie sie sich diese erklären, sich daran gewöhnen könnten. Die Männer versammelten sich in den Korridoren des Hotels und hielten Stabsbesprechungen ab. Die nüchternen Pragmatiker waren dafür, das Hotel nachts zu verbarrikadieren. Diejenigen mit einem weiteren Horizont und der Fähigkeit, die Dinge global zu sehen, meinten, man müsse Depeschen an die UNO schicken mit einem Appell zur Intervention. Doch alles endete, wie bei Südländern üblich, in endlosen Diskussionen.

An den Abenden kreiste ein Flugzeug über der Stadt und warf Flugblätter ab. Das Flugzeug war schwarz bemalt und hatte weder Lichter noch Kennzeichen. Die Flugblätter besagten, daß die Truppen von Holden Roberto vor Luanda ständen und vielleicht schon morgen in die Hauptstadt einmarschieren würden. Um ihnen diese Aufgabe zu erleichtern, wurde die Bevölkerung aufgerufen, alle Russen, Ungarn und Polen zu erschlagen, die die Verbände der MPLA anführten und am ganzen Krieg und all dem Unglück schuld wären, das die erschöpfte Nation heimgesucht hätte. Das war im September, als ich in ganz Angola der einzige Osteuropäer war. In der Stadt zogen Schlägertrupps der PIDE umher, die auch ins Hotel eindrangen und fragten, wer hier wohne. Sie konnten das straflos tun, denn in Luanda gab es keine Behörden mehr, und sie wollten sich für alles rächen, für die Revolution der Nelken, für den Verlust Angolas, für ihre gescheiterten Karrieren. Jedes Klopfen an der Tür konnte Schlimmes für mich bedeuten. Ich bemühte mich, nicht daran zu denken, das ist in einer solchen Situation die einzige Möglichkeit.

Die Schlägerbanden versammelten sich in der Nachtbar *Adão*, neben dem Hotel. Dort war es immer dunkel, und die Kellner trugen Taschenlampen. Der Besitzer der Bar, ein fetter, verlebter Playboy mit blutunterlaufenen Augen, die halb hinter geschwollenen Lidern verschwanden, nahm mich einmal mit in sein Büro. An den Wänden standen Regale, die vom Boden bis zur Decke reichten und auf denen zweihundertsechsundzwanzig verschiedene Whiskysorten lagerten. Er holte aus der Schublade seines Schreibtisches zwei Pistolen und legte sie vor sich hin.

Mit denen bringe ich zehn Kommunisten um, dann erst werde ich mich ruhig fühlen, sagte er.

Ich blickte ihn an, lächelte und wartete, was er tun würde. Durch die Tür war Musik zu hören, die Schläger amüsierten sich mit betrunkenen Mulattinnen. Der Dicke steckte die Pistolen weg und knallte die Schublade zu. Bis heute weiß ich nicht, warum er mich in Ruhe ließ. Vielleicht gehörte er zu jenen Menschen, wie ich sie manchmal getroffen habe, denen das bloße Wissen, daß sie jemanden töten könnten, mehr Befriedigung bereitet als das Töten selber.

Den ganzen September über ging ich zu Bett, ohne zu wissen, was in dieser Nacht und am folgenden Tag geschehen würde. In meiner Umgebung schlichen Typen herum, deren Visagen ich schon kannte. Wir begegneten einander immer wieder, ohne je ein Wort zu wechseln. Ich wußte nicht, wie ich mich verhalten sollte. Abends nahm ich mir vor, wachsam zu sein und mich nicht im Schlaf überraschen zu lassen. Doch später in der Nacht ließ die Spannung nach, und ich schlief, in Kleidern und Schuhen, auf dem breiten Bett ein, das Dona Cartagina schön überzogen hatte.

Die MPLA konnte mich nicht schützen: Ihre Leute waren weit, in den afrikanischen Vierteln, oder noch weiter – an der Front. Der europäische Bezirk, in dem ich wohnte, gehörte noch nicht ihnen. Daher fuhr ich gern an die Front – dort war es sicherer, vertrauter. Doch diese Fahrten kamen nur selten zustande. Keiner, nicht einmal die Leute vom Stab, konnte genau sagen, wo die Front verlief. Es gab keine Nachrichten und keinen Kontakt. Verstreute kleine Verbände schlecht ausgebildeter, unerfahrener Partisanen, die sich in der riesigen, trügerischen Weite verloren, tauchten einmal hier, einmal dort auf, ohne Plan und Sinn. Diesen Krieg führte jeder auf eigene Faust, jeder auf sich selbst gestellt.

Täglich um neun Uhr abends meldete sich Warschau. Am Fernschreiber, der in der Rezeption stand, leuchtete ein Lämpchen auf, und die Maschine druckte das Signal aus:

814251 PAP PL GUTEN ABEND BITTE
SENDEN

oder:

ENDLICH IST VERBINDUNG
HERGESTELLT

oder:

BEKOMMEN WIR HEUTE ETWAS?
PLS GA GA

Ich antwortete:

OK OK MOM SVP

und legte den Streifen mit dem Fernschreiben ein.

Für mich war neun Uhr die wichtigste Zeit des Tages, ein Ereignis, das sich Abend für Abend wiederholte. Ich schrieb jeden Tag, aus ganz egoistischen Gründen, überwand meine innere Teilnahmslosigkeit und Depression, um zumindest einen kurzen Text zu verfassen und die Verbindung mit Warschau aufrechtzuerhalten, weil mich das vor der Einsamkeit und dem Gefühl der Verlassenheit bewahrte. Wenn genug Zeit war, lauerte ich schon lange vor neun vor dem Fernschreiber. Das aufleuchtende Lämpchen weckte in mir eine ähnliche Begeisterung, wie sie ein Mensch empfindet, der durch die Wüste irrt und plötzlich auf eine Quelle stößt. Ich versuchte mit allen Mitteln, diese Sitzungen zu verlängern. Ich beschrieb alle Schlachten bis ins kleinste Detail. Ich frage, wie das Wetter zu Hause war und klagte, daß es nicht genug zu essen gab. Doch schließlich kam der Augenblick, da Warschau schrieb:

EMPFANG GUT MELDEN UNS MORGEN
20 UHR GMT BD BY BY

Das Lämpchen erlosch, und ich war wieder allein.

Luanda ging anders zugrunde als unsere Städte im Krieg. Es gab keine Luftangriffe, keine Zerstörung eines Viertels nach dem anderen. Es gab keine Friedhöfe in den Straßen und auf den Plätzen. Ich kann mich an keinen einzigen Brand erinnern. Die Stadt starb wie eine Oase, deren Brunnen austrocknen – sie wurde verlassen, leerte sich, fiel in Vergessenheit. Doch diese Agonie trat später ein, einstweilen herrschte überall noch fiebrige Betriebsamkeit. Alle hatten es eilig, alle fuhren ab! Jeder versuchte, mit dem nächsten Flugzeug nach Europa, nach Amerika, egal wohin zu gelangen. In Luanda strömten die Portugiesen aus ganz Angola zusammen. Aus den entferntesten Winkeln kamen Karawanen von Autos, beladen mit Menschen und Gepäck. Die Männer unrasiert, die Frauen in zerknitterten Kleidern und verweint, die Kinder schmutzig und schlaftrunken. Unterwegs schlossen sich die Flüchtlinge zu langen Trecks zusammen, denn je größer die Gruppe, um so sicherer war sie. Anfangs füllten sie in Luanda die Hotels, doch bald war dort nicht mehr genug Platz, und sie zogen direkt zum Flughafen. Um den Flughafen herum entstand eine Nomadenstadt, ohne Straßen und Häuser. Die Menschen wohnten unter freiem Himmel, immer durchnäßt, weil es ständig regnete. Sie lebten jetzt schlechter als die Schwarzen in den an den Flughafen grenzenden afrikanischen Vierteln, aber sie nahmen das apathisch hin, mit dumpfer Resignation, weil sie nicht wußten, wen sie wegen ihres Unglücks verfluchen sollten. Salazar lebte nicht mehr, Caetano hatte sich nach Brasilien abgesetzt, und in Lissabon wechselten die Regierungen ständig. An allem war die Revolution schuld, denn vorher hatte Ordnung geherrscht. Nun versprach die Regierung den Schwarzen die Freiheit, die Schwarzen prügelten sich untereinander, mordeten und sengten. Sie sind nicht fähig, sich selbst zu regieren. Ein Schwarzer will nur eines: saufen und dann den ganzen Tag auf der faulen Haut liegen. Er hängt sich Korallen um den Hals, und schon ist er glücklich. Arbeiten? Hier arbeitet keiner. Sie leben wie vor hundert Jahren. Vor hundert, mein lieber Herr? Vor tausend! Ich habe welche gesehen, die lebten wie vor tausend Jahren. Aber wie kann man wissen, was vor tausend Jahren war? Natürlich kann man das, jeder weiß, wie es damals war. Dieses Land wird es bald nicht mehr geben. Mobutu wird sich ein Stück nehmen, die im Süden werden ein Stück nehmen, und das wird das Ende sein. Man müßte auf der Stelle fort von hier. Um das nicht länger mit anzusehen. Ich habe vierzig Jahre Arbeit hier hineingesteckt. Mein ganzes schwer verdientes Geld. Wer wird mir das ersetzen? Glauben Sie etwa, man kann sein Leben noch einmal von vorn beginnen?

Die Menschen sitzen auf ihren Bündeln, die mit Plastik abgedeckt sind, weil es regnet, meditieren, denken über alles nach. Manchmal glimmt in diesem verstreuten Haufen, der schon seit Wochen so vor sich hin vegetiert, plötzlich ein Funken von Rebellion auf. Die Frauen verprügeln die Soldaten, die abgestellt sind, um Ordnung zu wahren, und die Männer versuchen ein Flugzeug zu kapern, damit die Welt erfährt, in welche Verzweiflung man sie getrieben hat. Keiner weiß, wann er von hier abfliegt und wohin. Es herrscht ein gigantisches Chaos. Es ist schwierig, Portugiesen zu organisieren, denn sie sind geborene Individualisten, Naturen, die nicht im Gedränge und in Gemeinschaft leben können. Zuerst kommen die schwangeren Frauen dran. Warum gerade die? Bin ich etwa weniger wert, weil ich mein Kind vor einem halben Jahr zur Welt gebracht habe? Gut, zuerst kommen die Schwangeren und die Frauen mit Säuglingen dran. Warum gerade die? Bin ich etwa weniger wert, weil mein Sohn gerade drei Jahre alt wurde? Gut, zuerst kommen die Frauen mit Kindern dran. So ist das also? Ich soll wohl krepieren, nur weil ich ein Mann bin? Und dann klettern die Kräftigsten ins Flugzeug, und die Frauen mit den Kindern legen sich aufs Rollfeld, vor die Räder, damit die Piloten nicht starten können, das Militär rückt an, verjagt die Männer und läßt die Frauen einsteigen, und die marschieren triumphierend die Treppe hinauf, wie eine siegreiche Truppe in eine eroberte Stadt.

Lassen wir zuerst diejenigen abfliegen, deren Nerven kaputt sind. Wunderbar, da braucht ihr nicht lange zu suchen, wenn nicht Krieg herrschte, wäre ich schon längst im Irrenhaus. Und uns hat bei Carmona eine Bande Wilder überfallen, die hat uns alles geraubt, hat uns verprügelt, wollte uns erschießen. Heute noch zittere ich am ganzen Leib. Wenn ich nicht sofort hier wegkomme, werde ich noch verrückt. Meine Lieben, ich will euch nur sagen, daß ich mein ganzes Vermögen verloren habe. Außerdem haben mich in Lumbala zwei Strolche der UNITA an den Haaren gepackt, und ein dritter hat mir den Lauf direkt vors Auge gehalten. Das ist doch, so meine ich, Grund genug, um auf der Stelle den Verstand zu verlieren.

Es gab kein Kriterium, das alle akzeptiert hätten. Die verzweifelte Menge drängte zu jedem Flugzeug, und es vergingen Stunden, bis sie sich darauf geeinigt hatte, wer schließlich einen Platz bekam.

Eine halbe Million Flüchtlinge muß über eine Luftbrücke ans andere Ende der Welt transportiert werden.

Alle wissen, warum sie von hier fort wollen. Sie wissen, daß man den September noch überdauern kann, doch im Oktober wird es schon unerträglich werden, und den November überlebt keiner mehr. Woher sie das wissen? Was fragen Sie so etwas?! Ich habe hier achtundzwanzig Jahre gelebt, da kann ich mir schon ein Urteil erlauben über dieses Land. Wissen Sie, was ich mir hier erschuftet habe? Ein altes Taxi, das ich dort, auf der Straße, stehenließ.

Die Menschen flüchteten wie vor einer heranziehenden Seuche, wie vor einem Pesthauch, den man nicht sieht, der aber tödlich ist. Dann würde Wind kommen, und Sand würde die Spuren des letzten Menschen bedecken.

Glaubst du daran? frage ich Arturo. Arturo glaubt das nicht, aber trotzdem will er lieber wegfahren. Und Sie, Dona Cartagina, glauben Sie daran? Ja, Dona Cartagina ist davon überzeugt. Wenn wir bis November bleiben, sind wir verloren. Die Alte fährt sich mit dem Finger energisch über den Hals, so daß ihr Nagel eine rote Spur hinterläßt.

Bevor die Stadt zugemacht und zum Tode verurteilt wurde, begaben sich verschiedene Dinge. Wie ein Kranker, der in letzter Agonie plötzlich auflebt und für kurze Zeit wieder zu Kräften kommt, gewann Ende September auch in Luanda das Leben neues Tempo und Schwung. Die Gehsteige waren gerammelt voll, auf den Fahrbahnen stauten sich die Autos. Die Menschen hasteten aufgeregt durcheinander, jeder hatte es eilig, hatte tausend Dinge zu erledigen. Um nur möglichst rasch wegzukommen von hier, sich rechtzeitig abzusetzen, ehe die erste Welle der verpesteten Luft in die Stadt strömte.

Sie wollten Angola nicht mehr.

Sie hatten genug von diesem Land, das ihr gelobtes Land sein sollte und ihnen nur Enttäuschung und Erniedrigung gebracht hatte. Sie verließen ihr afrikanisches Heim mit einem Gemisch aus Verzweiflung und Wut, Trauer und Ratlosigkeit, mit dem Gefühl, für immer von hier wegzufahren. Sie wollten nur noch ihre Haut retten und ihr Hab und Gut in Sicherheit bringen.

Alle waren damit beschäftigt, Kisten zu zimmern. Berge von Brettern und Platten wurden herbeigeschafft. Die Preise für Hämmer und Nägel kletterten in die Höhe. Kisten waren das wichtigste Gesprächsthema – wie man sie zimmert, wie man sie am stabilsten macht. Es tauchten selbsternannte Fachleute auf – Kistenschreiner, stümperhafte Architekten des Kistenbaus, und auch Kistenbaustile, -schulen und -richtungen. In den Mauern Luandas, das aus Beton und Ziegeln errichtet war, entstand eine neue, hölzerne Stadt. Die Straßen, durch die ich nun ging, sahen aus wie ein einziger riesiger Bauplatz. Ich stolperte über herumliegende Bretter, ein aus einem Balken ragender Nagel zerriß mir das Hemd. Manche Kisten waren so groß wie Sommerhäuser, denn es entwickelte sich plötzlich eine Kistenskala des Prestiges – je reicher einer war, um so größer die Kiste, die er zimmerte. Eindrucksvoll waren die Kisten der Millionäre – mit Balken verstärkt und im Inneren mit Segeltuch ausgeschlagen, besaßen sie solide, elegante Wände aus den teuersten Tropenhölzern mit präzis geschnittenen, glattpolierten Maserungen wie bei antiken Möbeln. In diese Kisten wurden ganze Salons und Schlafzimmer gepackt, Kanapees, Tische und Schränke, Küchen und Kühlschränke, Kommoden und Fauteuils, Bilder, Teppiche, Kronleuchter, Service, Bettzeug und Decken, Kleider aller Art, Wandbehänge, Puffe und Vasen, sogar künstliche Blumen (auch das habe ich gesehen) und überhaupt der ganze monströse, unerschöpfliche Kram, mit dem das Haus jedes Kleinbürgers angefüllt ist, also Nippes, Muscheln, Glaskugeln, Flakons, ausgestopfte Echsen, die metallene Miniatur des Mailänder Doms, ein Mitbringsel von einem Italienurlaub, Briefe! Briefe und Fotografien, das Hochzeitsbild im vergoldeten Rahmen – Das lassen wir vielleicht besser da, sagt der Hausherr. Na hör mal, daß du dich gar nicht schämst! ruft die Gattin empört –, alle Bilder der Kinder, hier, wie er sich zum erstenmal aufsetzt, und da sagt er zum erstenmal: Gib! gib!, und dort ist er mit einem Schlecker zu sehen, und da mit der Oma, mit einem Wort alles, buchstäblich alles, auch die Weinkisten, den ganzen Nudelvorrat, den ich hamsterte, als die Schießereien begannen, das Angelzeug, die Häkelnadeln, mein Stopfgarn! mein Kugelstutzen, die bunten Bauklötze Tutunias, Vögelchen, Nüsse, der Staubsauger und der Nußknacker müssen auch noch hinein, da hilft nichts, alles muß Platz finden, so daß nur mehr der nackte Boden bleibt, nackte Wände, die Wohnung im Negligé, ein Wohnungsstriptease bis zum bitteren Ende, bei vorhanglosen Fenstern, und jetzt machen wir nur mehr die Türe zu und halten am Weg zum Flughafen kurz an, um den Wohnungsschlüssel ins Meer zu werfen.

Die Kisten der Armen sind um ein paar Klassen schlechter. Vor allem sind sie kleiner, oft geradezu winzig und unscheinbar. Sie hätten keine Chance, ein Gütesiegel zu bekommen, denn ihre Ausfertigung läßt zu wünschen übrig. Im Gegensatz zu den Reichen, die es sich leisten können, Tischlermeister mit der Aufgabe zu betrauen, müssen die Armen ihre Kisten selber zimmern. Als Material dienen ihnen Holzabfälle, dünne Brettchen, krumme Staffeln, gesprungene Platten, das Ausschußholz, das man in drittklassigen Läden zu kaufen bekommt. Viele dieser Kisten sind mit Blech von Olivenkanistern, alten Schildern und verrosteten Straßenreklamen beschlagen und erinnern an die elenden Slums der afrikanischen Viertel. Es lohnt nicht, hineinzuschauen, es lohnt nicht und wäre auch ungehörig.

Die Kisten der Reichen stehen an den Hauptstraßen der Innenstadt oder in schattigen Winkeln der Luxusviertel. Man kann sie betrachten und bewundern. Die Armenkisten hingegen verstecken sich in Hauseinfahrten, Höfen und Läden. Sie verstecken sich allerdings nur vorläufig, denn irgendwann wird man sie durch die ganze Stadt zum Hafen schleppen müssen – und der Gedanke an diesen traurigen Anblick ist unangenehm.

Das viele Holz, das sich in Luanda türmt, läßt diese staubige Wüstenstadt, die kaum Grün und Bäume besitzt, mit einem Mal nach herrlichem, harzigem Wald duften. Als wäre dieser Wald plötzlich aus den Straßen, Plätzen und Rondeaus gewachsen. Abends öffne ich das Fenster und atme tief diesen Geruch ein, und dann rückt der Krieg in die Ferne, ich höre nicht mehr das Stöhnen Dona Esmeraldas, sehe nicht mehr den verlebten Playboy mit seinen zwei Pistolen vor mir und fühle mich, als übernachtete ich in einem Forsthaus in einem polnischen Wald.

Der Bau der hölzernen Stadt, der Kistenstadt, dauert ein paar

Wochen, von morgens bis abends. Alle werken, vom Regen durchnäßt, von der Sonne gebraten, sogar Millionäre packen mit an, wenn sie körperlich dazu imstande sind. Der Eifer der Erwachsenen teilt sich den Kindern mit. Auch sie beginnen Kisten für ihre Puppen und Spielsachen zu zimmern. Gepackt wird im Schutze der Nacht. Das ist besser so, damit keiner die Nase in fremde Dinge stecken und mitzählen kann, wieviel man hinausschleppt und was, denn es ist bekannt, daß sich viele herumtreiben, die im Dienst der MPLA stehen und ihr gern alles hinterbringen.

Daher wird der Inhalt der steinernen Stadt in den Nächten, in tiefster Finsternis, ins Innere der hölzernen Stadt verbracht. Das kostet viel Mühe und Schweiß, viel Schleppen und Zerren, schmerzende Arme vom Pressen der Bündel, wunde Knie vom Zudrücken der Koffer, denn alles muß Platz finden, und die steinerne Stadt ist schließlich riesig, die hölzerne hingegen klein.

Etappenweise, von Nacht zu Nacht, verlor die steinerne Stadt gegenüber der hölzernen an Wert. Langsam veränderte sich auch das Denken der Menschen. Die Menschen dachten nicht mehr in Kategorien von Haus und Wohnung, sondern sprachen bloß noch über Kisten. Statt zu sagen: Ich muß jetzt gehen und nachschauen, ob bei mir zu Hause alles in Ordnung ist, sagten sie: Ich muß gehen und schauen, was meine Kiste macht. Das war in diesen Tagen das einzige, was die Leute interessierte und sorgte. In dem Luanda, das zurückblieb, sahen sie nur mehr eine starre, fremde Attrappe, eine Kulisse, leer, wie nach dem Ende der Vorstellung.

So eine Stadt habe ich nirgends sonst auf der Welt gesehen und werde ich vielleicht auch nie mehr zu sehen bekommen. Sie existierte einen Monat lang und begann sich dann plötzlich aufzulösen. Oder besser – Viertel um Viertel wurde auf Lastwagen zum Hafen geschafft. Nun lag sie am Ufer, nachts von den Hafenlaternen und den Lichtern der anliegenden Schiffe beleuchtet. Tagsüber gingen Menschen durch ihre verwinkelten Gassen und malten auf Tafeln ihre Namen und Adressen, wie man das überall auf der Welt tut, wenn man sich ein Heim errichtet. Man konnte fast meinen, es handle sich um eine ganz gewöhnliche hölzerne Stadt, außer daß diese von ihren Bewohnern, die aus unbekannten Gründen in größter Eile abreisen mußten, versperrt worden war.

Doch später, als es in der steinernen Stadt schon sehr schlecht ging und wir, eine Handvoll Zurückgebliebener, wie Verurteilte auf das Ende warteten, segelte die hölzerne Stadt über den Ozean davon. Sie wurde von der großen Flotte aufgenommen und verschwand nach ein paar Stunden hinter dem Horizont. Das geschah plötzlich, als wäre eine Piratenflotte in den Hafen eingedrungen, hätte einen wertvollen Schatz geraubt und sich damit übers Meer davongemacht.

Dabei konnte ich mit ansehen, wie die Stadt fortschwamm. Im Morgengrauen dümpelte sie noch neben dem Ufer, achtlos übereinandergetürmt, menschenleer, ohne Leben, wie verwandelt in die Ausstellung einer Stadt des alten Orients, die von der letzten Besuchergruppe verlassen wurde. Um diese Stunde war es neblig und kühl. Ich stand mit einer Gruppe angolanischer Soldaten und einer Schar abgerissener, frierender Kinder am Kai. Sie haben uns alles genommen, sagte ein Soldat ohne Zorn und ging daran, eine Ananas aufzuschneiden, denn diese Früchte, so überreif, daß, wenn man hineinschnitt, aus ihnen der Saft floß, stellten damals unsere einzige Nahrung dar. Sie haben uns alles genommen, wiederholte er und grub seine Zähne in das goldene Fruchtfleisch. Die obdachlosen Hafenkinder starrten ihn mit hungrigen, gebannten Augen an. Der Soldat hob sein Gesicht, von dem der Saft tropfte, lachte und fügte hinzu: Doch jetzt haben wir unser eigenes Heim. Für uns allein. Er richtete sich auf und jagte, glücklich über den Gedanken, daß Angola nun ihm gehörte, eine Serie aus seiner Maschinenpistole in die Luft. Die Sirenen dröhnten zur Antwort, die Möwen schwirrten auf und schossen über das Wasser, die Stadt bebte und segelte langsam davon.

Ich weiß nicht, ob es schon einmal vorgekommen ist, daß eine ganze Stadt den Ozean überquert hat, aber diesmal war genau das der Fall. Die Stadt schwamm in die Welt hinaus, auf der Suche nach ihren Bewohnern. Das waren die ehemaligen Einwohner Angolas, Portugiesen, die sich nun über Europa und Amerika zerstreuten. Ein Teil ging nach Südafrika. Alle verließen Angola in höchster Eile, sie flohen vor den Schrecken des Krieges, überzeugt, daß es in diesem Land kein Leben mehr geben und nur die Friedhöfe bleiben würden. Doch ehe sie abfuhren, errichteten sie noch in Luanda die hölzerne Stadt, in die sie alles packten, was es in der steinernen Stadt gab. In den Straßen blieben nur Tausende staubbedeckter Autos zurück, die langsam der Rost zerfraß. Zurück blieben auch die Mauern, die Dächer, der Asphalt auf den Straßen und die eisernen Bänke am Boulevard.

Und nun segelte die hölzerne Stadt über den Atlantik, getragen von mächtigen, sturmgepeitschten Wogen. Irgendwo weit draußen auf dem Meer wurde die Stadt geteilt, das größte Stadtviertel steuerte Lissabon an, ein zweites Rio de Janeiro und ein drittes Kapstadt. Jedes dieser Viertel erreichte glücklich seinen Bestimmungshafen. Das weiß ich aus verschiedenen Quellen. Maria schrieb mir, ihre Kisten seien schon in Brasilien eingetroffen, und diese Kisten hatten schließlich zur hölzernen Stadt gehört. Viele Zeitungen schrieben darüber, daß eines der Stadtviertel nach Kapstadt gebracht wurde. Und folgendes habe ich mit eigenen Augen gesehen. Nach meiner Abreise aus Luanda machte ich in Lissabon Station. Ein Kollege fuhr mit mir über eine breite Chaussee an der Mündung des Tejo, in der Nähe des Hafens. Und dort sah ich phantastische Kistenstapel, zu schwindelerregender Höhe getürmt, verlassen, unberührt, als gehörten sie keinem. Das war das größte Viertel des hölzernen Luandas, das an der Küste Europas gelandet war.

In jenen Tagen, da man eben mit dem Bau der hölzernen Stadt begonnen hatte, waren es die Kaufleute, die von den schlimmsten Sorgen geplagt wurden. Was sollten sie mit den Massen verschiedenster Waren anfangen, die in ihren Geschäften lagen und die Magazine bis zu den mit Spinnweben überzogenen Decken füllten? Niemand kann sich eine Kiste vorstellen, die groß genug wäre, alles zu fassen, was der wichtigste Großhändler Luandas – Don Castro Soremenho e Sousa – in seinem Lager hatte. Und die anderen Grossisten? Und der tausendköpfige Clan der Einzelhändler?

Dazu kommt, daß sich die ausländischen Handelspartner benehmen, als seien sie nicht recht bei Trost. Die europäischen Firmen – liest denn bei denen keiner Zeitung? – expedieren munter früher bestellte Waren nach Luanda, unbekümmert um die Tatsache, daß in Angola der Krieg wütet. Wer hat nun Verwendung für die komplette Badezimmereinrichtung, die gestern die Firma Koenig und

Söhne aus Hamburg geschickt hat. Ist es nicht zu komisch, daß aus London eine Ladung Tennisbälle, Rackets und Golfschläger eintrifft? Wie zum Tort kommt aus Marseille ein großer Posten Insektenvertilgungsmittel, das die Kaffeeplantagenbesitzer bestellt haben, dieselben, die sich jetzt gegenseitig die Köpfe um Plätze in den Flugzeugen nach Europa einschlagen.

Don Urbano Tavares, Besitzer des Juweliergeschäftes an der Hauptstraße, darf trotz des ringsum herrschenden Unglücks zufrieden sein. Als er vor Jahrzehnten diese Branche wählte, hat er einen glücklichen Griff getan. Gold findet immer Absatz, und was übrigbleibt, läßt sich problemlos im Handgepäck verstauen. In seiner Branche herrscht nun hektische Betriebsamkeit. Aber nicht nur Gold ist gefragt. Die Menschen stürmen vor allem die Lebensmittelläden, denn es gibt immer weniger zu essen. Andrang herrscht auch in den Bekleidungs- und Schuhgeschäften. Reißenden Absatz finden Uhren und Transistorradios, Kosmetika und Arzneiwaren. Kleine und leichte Dinge, die sich auf dem neuen Lebensweg, in den Ländern in Übersee, als nützlich erweisen könnten.

Einen traurigen Eindruck hinterläßt ein Besuch in der Buchhandlung am Largo do Portugal. Eine graue Staubschicht bedeckt den Ladentisch. Kein einziger Käufer. Wer hat in diesen Tagen Lust, Bücher zu lesen? Die Soldaten haben längst die letzten Pornozeitschriften aufgekauft und an die Front mitgenommen. Der Rest – Stöße von Meisterwerken, vermischt mit minderwertiger Literatur – interessiert keinen. Wer selber schreibt, kann hier eine wichtige Lektion in Bescheidenheit lernen. Unsterbliche Meisterwerke und Unterhaltungsromane sind für einen Flüchtling aus einem ganz einfachen Grund gleichermaßen entbehrlich: Papier wiegt schwer.

Auch in dem Laden mit dem frommen Namen *Cruz de Cristo* herrscht Leere. Die Firma hat sich auf den Verkauf und Verleih von Brautkleidern spezialisiert. Die Besitzerin, Dona Amanda, sitzt stundenlang reglos, tatenlos zwischen der Schar ebenfalls regloser, stummer, von einer unsichtbaren Hexe verfluchter Schaufensterpuppen. Da sind genug Brautkleider für eine jener Massenhochzeiten, wie sie heute noch in Mexiko gefeiert werden. Alle weiß, alle bodenlang, doch jedes anders geschnitten, jedes wundervoll in seiner barocken Pracht von Falbeln und Spitzen. Womit rechnet die

Ladenbesitzerin Dona Amanda? Man braucht nur durch das Schaufenster in ihr säuerliches, düsteres Gesicht zu schauen. Die Zeiten der Freuden und Hochzeiten sind vorbei, und Dona Amanda ist zwischen den unnützen Requisiten einer untergegangen Epoche zurückgeblieben.

Mehr Glück – wenn dieses Wort am Platz ist, was ich bezweifle – hat Don Francisco Amarel Reis, Besitzer eines Betriebes namens *Caminho ao Ceu* (Weg in den Himmel), diskret versteckt in einem Seitengäßchen, am Rande der Innenstadt. Seine Spezialität: Särge, Kreuze, Blechblumen, andere Traueraccessoires. In diesen Tagen gibt es zahlreiche Begräbnisse, denn Angst, Verzweiflung und Frustration treiben viele Menschen ins Grab. Es gibt zahlreiche tragische Autounfälle, denn in dieser Atmosphäre des Pogroms, der Katastrophe, des Zorns und der Umzingelung werden weniger widerstandsfähige Fahrer zu Bestien. Also verzeichnen wir ein Begräbnis nach dem anderen.

Ich schreibe über Menschen, mit denen mich Dona Cartagina bekannt machte. Die Alte war der gute Geist des Hotels, sie wollte alles erledigen. Sie war die einzige Person, die sich für die Brautkleider Dona Amandas interessierte, denn sie träumte von der Hochzeit Arturos und Marias. Mit Don Francisco stritt sie über die letzten Dienste für Dona Esmeralda, die ihr Bewußtsein nicht wiedererlangte. Nur in die Buchhandlung ging ich allein, weil ich gern einige Zeit in der Umgebung von Büchern verbringe.

Dona Esmeralda betteten wir auf dem Friedhof zur letzten Ruhe, der an einem steilen Hang über dem Meer liegt und so weiß ist, als wäre er bedeckt von ewigem Schnee. Aus diesem Schnee wachsen die geraden, spitzen Stämme von Zypressen, die in der Sonne fast dunkelblau wirken. Das Tor ist blau bemalt, und das ist in diesem Fall eine warme und optimistische Farbe, denn es suggeriert, daß diejenigen, die durch dieses Tor gehen, in den Himmel kommen, wie es in einem Lied von Louis Armstrong heißt.

Am nächsten Tag fuhr Don Silva ab, ein verdrießlicher Geizhals in einem mit Diamanten gefütterten Anzug.

Dann brachte ich Maria und Arturo zum Flughafen.

Nun landeten mehrere Maschinen täglich, französische, portugiesische, sowjetische, italienische. Die Piloten stiegen aus und schauten sich am Flughafen um. Ich betrachtete sie, erstaunt, daß sie noch vor ein paar Stunden in Europa gewesen waren. Ich starrte sie an wie Menschen von einem anderen Planeten. Europa – das war ein ferner, irrealer Punkt in der Galaxis, dessen Existenz sich nur durch komplizierte Ableitungen beweisen ließ. Abends flogen sie ab, die überfüllten Maschinen rollten träg über die Startbahn, gewannen mühsam an Höhe und verschwanden zwischen den Sternen.

Die Nomadenstadt ohne Dächer und Wände, die Flüchtlingsstadt rund um den Flughafen verschwand langsam vom Erdboden. Zur selben Zeit verließ die hölzerne Stadt Luanda und wartete im Hafen auf die weite Reise. Von den vielen Städten, die in der Bucht lagen, blieb nur das steinerne Luanda übrig, menschenleer und nutzlos.

Das war Anfang Oktober.

Dei Stadt wurde mit jedem Tag öder.

Vom Morgen an streifte ich ziellos, zwecklos durch die Straßen, bis mich die drückende Hitze ins Hotel zurücktrieb. Gegen Mittag hämmerte mir die Sonne auf den Kopf, und es wurde so stickig und heiß, daß ich nicht mehr atmen konnte. Der Sommer setzte ein, und die Tore zur tropischen Hölle taten sich auf. Es herrschte Wassermangel, denn die Pumpstation lag im Frontgebiet und wurde nach jeder Reparatur in neuen Kämpfen wieder zerstört. Ich war schmutzig und so durstig, daß ich fieberte und zuckende orange Flecken sah.

Immer mehr Kaufleute schlossen ihre Läden, schwarze Jungen schlugen mit Stöcken gegen die heruntergelassenen eisernen Rollgitter. Auch Restaurants und Kaffeehäuser hatten ihren Betrieb eingestellt; Sessel, Tische und ausgebleichte Sonnenschirme standen nutzlos auf den Gehsteigen und verschwanden schließlich in den afrikanischen Slums. Manchmal fuhr ein Auto durch die leere Straße und über eine rote Ampel, die noch immer funktionierte, keiner wußte, für wen.

In diesen Tagen brachte jemand die Nachricht ins Hotel, alle Polizisten hätten die Stadt verlassen!

Luanda hatte nun, als einzige Stadt in der ganzen Welt, keine Polizei mehr. Jeder, der sich in einer solchen Situation findet, lernt eine seltsame Empfindung kennen. Einerseits fühlt er sich erleichtert und frei, andererseits – verspürt er eine gewisse Unruhe. Die restlichen Weißen, die zurückgeblieben waren, nahmen diese Nachricht mit Sorge auf. Das Gerücht ging um, die schwarzen Viertel würden die steinerne Stadt stürmen. Alle wußten, unter welch elenden Bedingungen die Schwarzen hausten, in den schrecklichsten Slums, die man in ganz Afrika antreffen konnte, in Lehmhütten, die die Luanda umgebende Wüste wie Halden billigen, zerschlagenen Geschirrs bedeckten. Und hier die steinerne, komfortable Stadt, aus Glas und Beton, menschenleer und niemandem gehörend. Wenn sie wenigstens ruhig kämen, ordentlich, familienweise, und besetzten, was verlassen und leer stand. Doch nach Meinung der verängstigten Portugiesen, die sich für Kenner der Mentalität der Eingeborenen hielten, würden die Schwarzen besessen von Zerstörungswut und Haß eindringen, trunken, berauscht von geheimnisvollen Kräutern, nach Blut und Rache dürstend. Keiner würde diese Invasion aufhalten können. Erschöpft, die Nerven zerrüttet, wehrlos, eingekreist, malen sich die Menschen in Gesprächen die schrecklichsten Visionen aus. Alle werden sterben, noch dazu auf die schlimmste Art und Weise – in den Straßen zerstückelt, mit Macheten auf den Schwellen der Häuser niedergemacht. Die Besonneneren schlagen verschiedene Formen der Selbstverteidigung vor. Die einen – man solle alle Lichter löschen und in der verdunkelten Stadt wachen, andere – im Gegenteil, man solle sogar in den verlassenen Häusern alle Lichter entzünden, denn die Schwarzen ließen sich nur durch die Menge, die Übermacht abschrecken. Wie üblich kann sich keiner der Vorschläge durchsetzen, und nachts schaut die Stadt aus wie ein löchriger Vorhang: Hier schimmert ein Stück einer beleuchteten Szenerie, rundherum Finsternis, dann wieder ein erleuchtetes Fragment, und der Rest verhüllt. Dona Cartagina, die eher aus Gewohnheit denn Notwendigkeit die verlassenen Zimmer in meinem Stockwerk (in dem ich jetzt allein wohne) putzt, hält immer wieder in der Arbeit inne und horcht, ob aus den afrikanischen Vierteln schon der bedrohliche Lärm der Menge, Ankündigung unseres Endes, zu hören ist. Sie erstarrt wie die Frauen auf dem Lande, wenn sie lauschen, ob es schon donnert. Dann bekreuzigt sie sich und macht weiter sauber.

Alle Feuerwehrleute sind abgefahren!

Nun ist keiner mehr da, der die Stadt vor einer Feuersbrunst schützen könnte. Zuerst wollten die Menschen nicht glauben, daß die Feuerwehrleute ihre Posten verlassen hatten, doch sie konnten sich selbst davon überzeugen, wenn sie die zentrale Feuerwache an der Uferstraße aufsuchten. Die Tore der Remise standen sperrangelweit offen. Drinnen waren die riesigen rotgoldenen Wagen, Leitern und Pumpen zu sehen. Auf den Regalen die Feuerwehrhelme. Keine lebende Seele. Natürlich wird die FNLA davon erfahren, und dann genügt es, daß sie morgen statt der Flugblätter eine einzige Bombe abwirft. Ganz Luanda wird brennen wie eine Fackel. Es hat lange nicht mehr geregnet, die Stadt ist von der Sonne ausgeglüht und trocken wie Zunder. Wenn nur kein Streit ausbricht oder ein Betrunkener ein Feuer verursacht. Später nahmen die Soldaten einen der Feuerwehrwagen in Betrieb und brachten damit Wasser an die Front. Weil er aber schon von weitem zu sehen war, wurde er bald getroffen, landete im Graben, und dort blieb er liegen.

Alle Müllmänner sind abgefahren!

Anfangs hat das keiner weiter beachtet. Die Stadt war so schmutzig und verwahrlost, daß die Menschen längst der Meinung waren, die Müllmänner seien nach Europa geflohen. Doch es stellte sich heraus, daß sie erst gestern weggefahren waren. Und plötzlich begann sich, keiner wußte, warum, der Müll zu vermehren. Es waren doch nur eine Handvoll Einwohner zurückgeblieben, die noch dazu apathisch und reglos herumsaßen, so daß man ihnen nicht zutraute, solche Mengen von Müll zu erzeugen. Und doch türmten sich allmählich ganze Müllberge in den Straßen der verlassenen Stadt. Sie tauchten auf den Gehsteigen auf, auf Fahrbahnen und Plätzen. In den Einfahrten der Mietshäuser und auf den ausgestorbenen Märkten. Durch einige Straßen konnte man sich nur mehr mit Mühe und großem Ekel seinen Weg bahnen. Die Intensität der Sonne und die Feuchtigkeit beschleunigten und verstärkten den Prozeß der Fäulnis und Fermentation. Die ganze Stadt fing an zu stinken, und wer von der Straße ins Hotel trat, stank selbst für lange Zeit, und die anderen sprachen mit ihm nur aus größerer Entfernung. Überhaupt rückten die Menschen voneinander ab, obwohl es in unserer Lage eigentlich hätte umgekehrt sein sollen. Dona Cartagina schloß alle Fenster, denn die faulige Luft, die von draußen hereindrang, benahm den Atem. Die Katzen gingen ein. Offenbar hatten sie sich, kollektiv, mit Aas vergiftet, denn eines Morgens lagen überall tote Katzen. Nach zwei Tagen schwollen sie an und wurden feist wie Ferkel. Schwarze Fliegen umschwirrten sie. Es stank unerträglich, und ich ging schweißüberströmt, ein Taschentuch vor die Nase gepreßt, durch die Stadt. Dona Cartagina sprach Gebete gegen eine Epidemie. Es gab keine Ärzte, Spitäler und Apotheken waren geschlossen. Die Abfallhaufen wuchsen und vermehrten sich wie ein monströser, ekelerregender Kuchen, der von giftigem, tödlichem Germ nach allen Seiten aufgetrieben wird.

Als schließlich alle Bäcker, Monteure, Briefträger und Hausmeister abfuhren, verlor die steinerne Stadt ihre Existenzberechtigung, ihren Sinn. Sie war wie ein dürres Skelett, das der Wind poliert, wie ein toter Knochen, der aus dem Boden zur Sonne ragt.

Die Hunde waren noch am Leben.

Es waren Haushunde, die von ihren in Panik geflüchteten Besitzern zurückgelassen wurden. Man sah herrenlose Hunde verschiedener teurer Rassen – Boxer, Bulldoggen, Windhunde und Dobermänner, Dackel, Pintscher und Spaniels, sogar Scotchterrier, aber auch Doggen, Möpse und Pudel. Verlassen, verlaufen zogen sie in einer riesigen Meute auf der Suche nach Fressen umher. Solange das portugiesische Militär in der Stadt war, versammelte sich diese unüberschaubare Hundeschar jeden Morgen auf dem Platz vor dem Generalstab, wo die Wachen sie mit dem Inhalt von NATO-Konserven fütterten. Es sah aus, als fände hier eine Weltausstellung der unterschiedlichsten Rassehunde statt. Gesättigt und zufrieden trollte sich die Horde dann ins weiche, saftige Gras, das auf dem schattigen Platz vor dem Regierungsgebäude wuchs. Nun begann eine unglaubliche kollektive Sexorgie, ein hitziges, entfesseltes Treiben, Herumjagen und Sichdrehen bis zu einem Zustand restloser Erschöpfung. Die gelangweilten Wachen machten darüber jede Menge roher Späße.

Nach dem Abzug der Soldaten begannen die Hunde zu hungern und abzumagern. Eine Zeitlang zogen sie in losen Haufen durch die Stadt, auf der vergeblichen Suche nach Futter. Eines Tages waren sie verschwunden. Ich glaube, daß sie auf den Spuren der Menschen

Luanda verließen, denn ich habe später nie einen toten Hund gesehen, und immerhin hatten sich Hunderte vor dem Generalstab versammelt und waren dann vor dem Regierungspalast herumgetollt. Man kann annehmen, daß sich in der Schar ein energischer Führer fand, der die Meute aus der sterbenden Stadt führte. Wenn die Hunde nach Norden zogen, trafen sie auf die FNLA. Wenn sie nach Süden liefen, kamen sie zur UNITA. Wenn sie hingegen nach Osten marschierten, in Richtung Dalatando und Saurimo, gelangten sie vielleicht bis nach Sambia, dann nach Moçambique oder sogar Tansania.

Vielleicht wandern sie immer noch dahin, aber ich weiß nicht, in welche Richtung und auch nicht, in welchem Land sie sich heute befinden.

Nach dem Abzug der Hundemassen verfiel die Stadt endgültig in Apathie. Ich beschloß daher, an die Front zu fahren.

Szenen von der Front

Comandante Ndozi steht im Schatten eines weit ausladenden Mangobaumes. Er wischt über sein schweißnasses Gesicht. Eine Schlacht zu gewinnen ist auch eine physische Anstrengung. Es ist so, als ob man einen Wald abholzt. Er befiehlt einer Gruppe Soldaten, die Gefallenen zu begraben. Freund und Feind können gemeinsam begraben werden – im Tod hat das keine Bedeutung mehr. Außerdem sagt unser Sprichwort: Feinde auf Erden, Brüder im Himmel. Er fragt, ob der Wagen die Verwundeten nach Luanda gebracht hat. Das ist nicht geschehen, denn der Fahrer wartet noch immer auf die Benzinlieferung. Die Verwundeten liegen auf den Lastwagen, stöhnen und rufen um Hilfe. An der Front gibt es keinen Arzt. Wenn kein Benzin gebracht wird, verblutet die Hälfte der Verwundeten. Dann schickt er einen Boten in die Richtung, aus der Schüsse zu hören sind. Dieser soll feststellen, ob das ein Feuergefecht mit dem Feind ist, der sich zurückzieht, oder ob die Burschen im Siegestaumel in die Luft ballern. Er hat den Eindruck, daß sie sinnlos Munition vergeuden, an der ohnehin Mangel herrscht. Morgen greift dann der Feind an, und wir müssen die Stadt räumen, weil wir uns nicht verteidigen können.

Er sagt, er habe ständig Probleme mit der Munition. Ständig – das ist vielleicht zuviel gesagt. Wir stehen am Beginn des Bürgerkrieges, und seine Einheit existiert erst seit einem Monat. Ndozi hat Jahre bei den Partisanen gekämpft, aber die Soldaten, die er jetzt befehligt, sind neu, noch ungeübt. Ein unerfahrener Soldat hat vor allem und jedem Angst. Wenn er an die Front kommt, glaubt er, von allen Seiten starre ihn der Tod an. Jeder Schuß scheint ihm zu gelten. Er kann Entfernung und Richtung des Feuers nicht richtig einschätzen. Daher knallt er ziellos drauflos, möglichst viel, möglichst ohne Unterlaß. Es geht ihm nicht darum, den Feind zu treffen, sondern darum, die eigene Angst zu töten. Die eigene Furcht zu betäuben, die den Menschen lähmt und am Denken hindert. Das heißt, sie macht es ihm unmöglich, darüber nachzudenken, was um ihn her geschieht, wie er die Schlacht gewinnen könnte, in der seine Einheit kämpft, weil er jetzt einen wichtigeren Kampf zu gewinnen hat – gegen die eigene Angst. Heute sah ich während des Angriffs einen, erzählt Ndozi, der mit der Bazooka dastand und einfach in den Himmel schoß. Ziel nicht nach oben, brüllte ich, ziel geradeaus, auf jene Palmen, dort sind sie. Doch ich sah, daß sein Gesicht grau war, daß er gar nicht daran denken konnte, nach dem Feind Ausschau zu halten, daß er nichts begriff, denn er mußte seinen eigenen Feind bekämpfen, der nicht dort unter den Palmen hockte, sondern in ihm selbst. Er schoß, um sich zu berauschen, zu betäuben und in dieser Betäubung den Angriff zu überstehen.

Die Lagerverwalter fragen – was habt ihr mit der Munition gemacht? Ich antworte, daß wir sie verschossen haben. Wie viele Feinde habt ihr getötet? Wir haben zwei getötet. Eine halbe Tonne Patronen und nur zwei Tote? Aber wir brauchten nicht mehr zu töten. Wir sollten die Stadt einnehmen, und das haben wir getan. Kein Quartiermeister kommt an die Front und schaut, wie ein frischer Soldat kämpft, der den Krieg noch nicht kennt. Nachts kommt die Abteilung in die Nähe eines Ortes, wo der Feind steht. Kurz vor Morgengrauen eröffnen wir das Feuer. Ein unerfahrener Soldat denkt, nun komme es darauf an, möglichst viel Krach zu machen. Er schießt wie verrückt, blindlings drauflos, denn es geht ihm nur um die Knallerei, nur darum, den Feind wissen zu lassen, was da für eine Übermacht anstürmt. Das ist eine Form der Warnung, ein Versuch, dem Feind einen Schrecken einzujagen, der größer ist als unsere eigene Angst. Und oft zeitigt es Wirkung. Denn auch der Feind ist im Krieg noch unerfahren, hat noch keinen Schußwechsel erlebt und zieht sich, erschrocken über das mächtige Geballer, zurück und flieht.

In den ersten Kriegstagen beschränkten sich die Scharmützel auf ein solches Lizitieren der Knallerei. Nur selten kam es zu direkten Kämpfen. Einmal geschah es, daß meine Leute gleich zu Beginn alle Munition verschossen und wir nicht angreifen konnten, weil wir keine Patronen mehr hatten. Ich schickte einen Späher ins Städtchen, das wir einnehmen sollten. Er kehrte zurück und meldete, dort sei keine lebende Seele zu sehen. Der Feind hatte sich aus dem Staub gemacht. Als wir in das Städtchen einzogen, hatte keiner in meinem Zug auch nur eine Patrone im Magazin.

Wir haben diesen Krieg nicht gewollt. Doch Holden Roberto griff vom Norden her an und Jonas Savimbi aus dem Süden. Das ist ein Land, in dem seit fünfhundert Jahren Krieg geführt wird, seit die Portugiesen zu uns kamen. Sie benötigten Sklaven für den Handel, für den Export nach Brasilien, in die Karibik, überhaupt nach Übersee. Von ganz Afrika lieferte Angola die meisten Sklaven in jenen Kontinent. Daher nennen sie unser Land die schwarze Mutter der neuen Welt. Die Hälfte der brasilianischen, kubanischen, dominikanischen Bauern stammt von angolanischen Vorfahren ab. Dieses Land war einst dicht bevölkert, aber dann wurde es leer, als sei eine Seuche durchgezogen. Angola ist immer noch dünn besiedelt. Hunderte von Kilometern, und kein einziger Mensch, wie in der Sahara. Die Sklavenkriege dauerten dreihundert Jahre oder noch länger. Unsere Führer machten glänzende Geschäfte. Starke Stämme überfielen schwächere, nahmen Sklaven und brachten diese zum Markt. Oft mußten sie das tun, weil es eine Art von Steuer war, die sie an die Portugiesen abzuführen hatten. Der Preis eines Sklaven wurde nach dem Zustand seiner Zähne bemessen. Die Menschen schlugen sich selber die Zähne aus oder schliffen sie mit Steinen ab, um ihren eigenen Marktwert zu verringern. So viele Schmerzen, nur um die Freiheit zu behalten. Von Generation zu Generation lebten die Stämme in Furcht voreinander, in gegenseitigem Haß. Die Kriegszüge fanden in der Trockenzeit statt, weil man sich dann leichter fortbewegen konnte. Wenn der Regen aufhörte, wußten alle, daß nun die Zeit des Unglücks, der Menschenjagd anbrach. In der Regenzeit, wenn das Land in Wasser und Schlamm versank, schwiegen die Waffen. Doch die Führer heckten schon neue Kriegszüge aus, rüsteten zu neuen Aktionen. An das alles erinnern sich die Menschen bis heute, denn in unserem Denken nimmt die Vergangenheit mehr Raum ein als die Zukunft.

Ich habe vor zehn Jahren zu kämpfen begonnen, erzählt er, in einer Abteilung von Comandante Batalha. Das war im Osten Angolas. Wir mußten die Sprachen jener Stämme lernen und uns ihren

Sitten anpassen. Das war eine Voraussetzung, um zu überleben – sonst hätten sie uns als Fremde behandelt, die in ihr Land einfielen. Dabei waren wir alle Angolaner. Aber sie wissen nicht einmal, daß dieses Land Angola heißt. Für sie endet die Erde dort, wo das letzte Dorf steht, in dem die Menschen einen Dialekt sprechen, den sie verstehen. Das ist die Grenze ihrer Welt. Und was liegt jenseits dieser Grenze, fragten wir sie. Dahinter beginnt ein anderer Planet, bewohnt von den Nganguela, das heißt Nicht-Menschen. Vor diesen Nganguela muß man sich hüten, denn sie sind zahlreich und sprechen eine Sprache, die man nicht versteht und die ihnen dazu dient, ihre bösen Absichten zu verbergen.

Alle unsere Feinde nützen die Dumpfheit unseres Volkes aus und scheuen keinen Aufwand, um die Stammeskriege weiter zu schüren. Sie haben Holden Roberto gekauft, damit er aus den Bakongo die FNLA bildet. Sie haben Savimbi bestochen, damit er aus den Ovimbundu die UNITA macht. Wir haben hundert Stämme und müssen diese zu einer Nation formen. Wie lange das dauert? Das kann keiner sagen. Wir müssen den Menschen den Haß austreiben. Wir müssen sie daran gewöhnen, daß einer dem anderen die Hände reicht.

Dieses Land ist unglücklich, so wie die Menschen unglücklich sind, denen im Leben alles mißlingt. In den letzten zweihundert Jahren organisierten die Portugiesen immer wieder bewaffnete Expeditionen, um ganz Angola zu unterwerfen. Es gab keinen Frieden. Fünfzehn Jahre führten wir einen Partisanenkrieg. Kein anderes Land in Afrika kannte so einen langen Krieg. Kein anderes war so schlimm zerstört. Wir Partisanen waren nie zahlreich. Ein Teil kam ums Leben, andere gingen zum Stab oder in die Regierung. Von den alten Kadern blieb nur eine Handvoll an der Front. Wir sind über das ganze Land verstreut. Es fehlt an Menschen.

Die Soldaten, die ich kommandiere, sagt er, sind Jungen, die direkt von der Straße an die Front geschickt wurden. Sie sollten in die Schule gehen, aber wir haben die Schulen geschlossen, denn wir brauchen eine Armee, müssen uns zur Wehr setzen. Dieser Krieg wurde uns aufgezwungen, weil wir ein reiches Land sind, bewohnt von fünf Millionen armer Menschen, unwissenden Analphabeten, die nicht imstande sind, ein rückstoßfreies Geschütz vom Kaliber

86 Millimeter zu bedienen. Sie glauben, daß zwanzig Panzerwagen genügen, um weiter Anspruch auf unser Öl und unsere Diamanten zu erheben und uns auf unsere Plätze zurückjagen zu können. Sie haben uns nicht genug Zeit gelassen, wir haben unerfahrene Soldaten, die heranwachsen müssen, um zu kämpfen. Mich dauern diese Burschen, denn sie sollten heranwachsen, um lesen und schreiben zu lernen, um Städte zu bauen und Menschen zu heilen. Doch sie müssen heranwachsen, um andere Menschen zu töten. Sie müssen heranwachsen, damit es auf unserer Seite immer weniger blinde Knallerei gibt und auf der anderen immer mehr Tote. Was bleibt uns sonst für ein Ausweg in diesem Krieg, den wir nicht wollten?

Wir sind in Caxito, sechzig Kilometer nördlich von Luanda. Heute morgen rief Comandante Ju-Ju an und sagte, im Morgengrauen habe eine Schlacht um Caxito stattgefunden, die Truppen von Comandante Ndozi hätten das Städtchen aus den Händen der FNLA befreit, wir könnten gleich hinfahren. Ju-Ju ist Politkommissar im Generalstab der Armee der MPLA und verliest jeden Abend um acht Uhr im Rundfunk die Frontberichte vom Krieg in Angola. Diese Kommuniqués klingen pathetisch, weil Ju-Ju sein ganzes Herz und alle seine Gefühle hineinlegt. An einem Tag beweinen wir den Tod des unvergeßlichen Comandante Cow-Boy, der beim Angriff gegen das Städtchen Ngavi fiel. Der unerschrockene Held wich keinen Fußbreit zurück und versetzte, selber schon schwerverwundet, noch drei bestialischen Aggressoren den Todesstoß. Am nächsten Tag feiern wir den Sieg beim Folgares, wo unsere ruhmbedeckten Truppen die Banden der käuflichen Söldner vernichtend schlugen. Dann wieder erfahren wir, daß ganz Afrika den Atem anhält, während es das Geschick der heroischen Garnison von Luso verfolgt, die, umzingelt von zahllosen feindlichen Horden, keinen Millimeter zurückweicht. Unser Geist erlahmt nie, unser Kampfeswille ist ungebrochen wie Stahl, wir kennen keine Schmerzen, fürchten keinen Tod und hauchen unser Leben vor den Augen einer Welt aus, die uns bewundert.

Wenn die Lage günstig steht, sind die Kommuniqués Ju-Jus kurz und sachlich. Die Tatsachen sprechen für sich, und von einer guten Sache braucht man keinen zu überzeugen. Wenn jedoch etwas schiefgeht, werden die Meldungen langatmig und blumig, es mehren sich die Adjektive, die Lobpreisungen an die eigene Adresse und die Epitheta, mit denen der Feind lächerlich gemacht werden soll. Ich gehe durch die Straßen von Luanda, und aus einem Fenster dringt die Stimme Ju-Jus an mein Ohr. Aus dieser Entfernung kann ich die Worte nicht unterscheiden, aber weil er sich kurz faßt, weiß ich, daß alles zum besten steht, daß sie sich halten, daß sie Geländegewinne erzielen. Gestern hingegen durchmaß ich die halbe Stadt, und Ju-Ju redete und redete, ohne innezuhalten. Offenbar war die Front irgendwo eingebrochen. Mich quälten tausend Zweifel, ob sie sich auch halten können, ob sie siegen.

Ju-Ju ist ein weißer Angolaner, das heißt, seine Eltern stammen aus Portugal, er selber jedoch kam schon in Angola zur Welt, das seine Heimat ist. In der MPLA gibt es Hunderte wie ihn. Sie kämpfen an der Front oder sind im Stab oder in der Verwaltung tätig. Alle tragen Bärte. Ein Bart gilt hier als Kennzeichen: Ein Weißer mit Bart ist einer, der von hier stammt, keiner fragt ihn nach seinen Dokumenten, keiner hält ihn an, um ihn zu überprüfen. Die Schwarzen nennen ihn *camarada* und behandeln ihn mit Hochachtung, denn ein Weißer mit Bart hat mit Sicherheit eine höhere Funktion inne, leitet ein Bataillon oder noch mehr. Ju-Ju hat einen Bart wie ein byzantinischer Patriarch: bis auf die Brust, eindrucksvoll. Dieser Bart ist an seiner ganzen Person am auffallendsten, denn er selber ist klein, hager und gebeugt, trägt eine große Brille und sieht aus wie ein Assistent am Lehrstuhl für Papyrologie an einer ehrwürdigen europäischen Universität.

Als sie Caxito stürmte, nahm die Abteilung von Comandante Ndozi hundertzwanzig Soldaten der FNLA gefangen, die Ju-Ju jetzt verhört. Sie werden einer nach dem anderen zur großen Kastanie geführt, unter der der Politkommissar auf einer Munitionskiste (Granaten französischer Produktion, eine Beute, die dem Feind abgenommen wurde) thront. Ju-Ju, von Natur aus schüchtern, spricht mit jedem Gefangenen zuvorkommend, beinahe um Verzeihung heischend, und erteilt ihm nach dem Gespräch eine Belehrung, in der Hoffnung, ihn dadurch auf den richtigen Weg des Lebens und Kampfes führen zu können.

Er beginnt damit, daß er in dem Verhörten Gefühle der Scham und Schuld zu wecken sucht.

Schämen Sie sich nicht, fragt der Politkommissar, in der FNLA als Agent des Imperialismus zu kämpfen?

Der düstere, dumpfe Bakongo, mit einer Haut so schwarz, daß sie beinahe violett wirkt, und einer Visage so gräßlich, daß einem angst und bange werden könnte, schweigt und starrt zu Boden. Er rückt am Kopf eine blutige Binde zurecht, denn eine Kugel hat ihm ein Ohr abgerissen. Er seufzt und scheint den Tränen nahe, aber er schweigt.

Ju-Ju dringt in ihn, ermutigt ihn zu sprechen, bietet ihm sogar eine Zigarette an, obwohl Zigaretten in Angola eine unbezahlbare Kostbarkeit darstellen; mit einer Schachtel Zigaretten, ja, mit einer halben Schachtel, kann man sein Leben retten.

Schließlich sagt der Gefangene, die Feinde hätten in Kinshasa die Bakongo aus Angola aufgegriffen und in die FNLA gesteckt. Diese Razzien werden von Soldaten Mobutus durchgeführt. Wer Francs besitzt, kann sich loskaufen, doch er besaß keine Francs, denn er war arbeitslos, daher wurde er geschnappt und eingegliedert. In der FNLA ging es ihm gut, denn dort erhielt er zu essen. Sie bekamen Maniok und Hammelfleisch. Am Samstag sogar Bier. Wenn sie eine Schlacht gewinnen, bekommen sie Geld. Aber er hat keine Schlacht mitgemacht, für die sie dann bezahlt worden wären. Er hat nichts geraubt, denn von der Grenze Zaires bis nach Caxito war schon alles leer geplündert. Holden Roberto hat er nie zu Gesicht bekommen. Schreiben oder lesen kann er nicht. Heute morgen wurden sie umzingelt, daher ergaben sie sich, und jetzt sind sie hier. Er hat keinen Menschen getötet.

Ju-Ju befiehlt, den nächsten zu bringen.

Der Bakongo, dessen Stirn behaart ist bis zu den Augenbrauen, taumelt vor Angst. Der Kommissar fragt ihn, ob er sich nicht schämt usw., und dann fragt er, wo in der Nähe Truppen der FNLA stehen.

Er weiß es nicht. Es herrscht ein solches Chaos, daß er keine Ahnung hat, wer gefangen wurde und wem die Flucht gelang. Ein Söldner rief ihm zu: Dort hinüber! Dort hinüber!, und er hörte auf ihn und lief direkt der MPLA in die Arme, während sich der Söldner in die entgegengesetzte Richtung verdrückte. Von denen, die mit ihm gefangen wurden, kennt er keinen einzigen. Er und vier andere wurden aus Ambriz losgeschickt, sie sollten nach Caxito gehen. Sie hatten nichts zu essen und zu trinken, denn auf dem ganzen Weg gibt es nichts. Drei starben an Erschöpfung. Einer schlug sich nachts in die Büsche. So blieb er allein zurück. Er kam gestern abend in Caxito an. Er ist durstig. Wenn sich wirklich Leute der FNLA in der Nähe verstecken, müssen sie sich, dessen ist er sicher, morgen von selber ergeben, denn hier in der Nähe gibt es nirgends Wasser, nur in Caxito. Sie halten vielleicht eine Nacht und noch morgen durch, dann kommen sie freiwillig heraus, weil sie sonst verdursten.

Der nächste Gefangene sieht aus, als wäre er zwölf Jahre alt. Er sagt, er sei sechzehn. Er weiß, daß es eine Schande ist, für die FNLA zu kämpfen, doch sie sagten ihm, sie würden ihn, wenn er an die Front ginge, später zur Schule schicken. Er möchte die Schule besuchen, weil er Maler werden will. Wenn man ihm Papier und Bleistift gäbe, könnte er auf der Stelle etwas zeichnen. Er könnte ein Porträt zeichnen. Wenn er Farben bekäme, könnte er ein Bild malen. Er kann auch schnitzen, er würde uns gern seine Figuren zeigen, die in Carmona zurückblieben. Er legt sein ganzes Leben da hinein und möchte gern lernen, und sie sagten ihm, er dürfe lernen, wenn er nur zuerst an die Front ginge. Er weiß, daß es darauf hinausläuft, daß er, um malen zu können, zuerst Leute umbringen muß, aber er hat keinen umgebracht.

Es war schon dunkel, als ich zum Marktplatz kam. Ringsum leere Häuser, ohne Licht, zerschlagene Scheiben, ausgeplünderte Läden. In der Nähe des Brunnens ein paar Hunde. Eine herrenlose Kuh mit dem Maul im Gras.

Die Front.

Um uns herum die schwarze Wand des Busches, und im Busch vielleicht die Soldaten der FNLA, die es ohne Wasser nicht lange aushalten und sich morgen ergeben, um nicht zu verdursten.

Ein ausgestorbenes Städtchen, durchdringende Leere und Nacht.

Nur an einem Ort, am anderen Ende des Platzes, Stimmen, Gespräche, Lachen sogar. Es kommt von dort drüben, von einem kleinen, mit einer Betonmauer eingesäumten Platz mit einer Baumgruppe in der Mitte.

Innerhalb der Mauer standen die Gefangenen der FNLA, jene hundertzwanzig, die am Morgen bei der Schlacht um Caxito gefangengenommen wurden. Draußen, auf der Straße und am Marktplatz, standen die Wachen der MPLA. Etwa ein Dutzend.

Die Gefangenen und ihre Wächter unterhielten sich angeregt: Sie stritten über den Ausgang des gestrigen Matches. Am gestrigen Sonntag besiegte Benfica im Stadion von Luanda Ferroviario 2 : 1. Die Mannschaft von Ferroviario, die zwei Jahre lang keine Niederlage einstecken mußte, verließ, von den eigenen Anhängern ausgepfiffen, den Platz. Die Mannschaft verlor, weil ihr Mittelstürmer, Schützenkönig Chico Gordo, den Klub wechselte und jetzt in Portugal spielt, bei Sporting de Braga.

Sie hätten gewinnen können.

Das hätten sie nicht.

Wer ist schon Chico Gordo! Norberto ist auch nicht schlechter, und trotzdem haben sie verloren!

Norberto?! Norberto kann ihm nicht das Wasser reichen.

Die Burschen diskutieren, streiten, geteilt in zwei Lager, fahren einander an die Gurgel. Nur daß die Trennlinie nicht entlang der Betonmauer verläuft. Ferroviario hat Anhänger unter den Gefangenen und unter den Wächtern. Auch im anderen Lager, unter den Anhängern Benficas, die jetzt ihren herrlichen Sieg feiern, gibt es Gefangene und Wächter.

Die Diskussion ist hitzig, voll jugendlichen Überschwangs, wie man sie unter Burschen auf der ganzen Welt beobachten kann, wenn sie nach einem großem Match das Stadion verlassen. In einer solchen Diskussion vergessen sie alles.

Und es ist gut, daß man alles vergessen kann.

Daß man diese Schlacht vergessen kann, in der jede Partei, diesseits und jenseits der Betonmauer, Verluste erlitt. Die Razzien, die die Soldaten Mobutus durchführen. Und die Tatsache, daß wir für den Krieg heranwachsen müssen, damit es immer weniger blinde Knallerei und immer mehr Tote gibt.

Seit langem spreche ich immer wieder beim Generalstab vor, um einen Passierschein für die Front zu bekommen. Ohne Passierschein kann man nicht durchs Land fahren, denn an den Straßen wachen Posten und kontrollieren die Dokumente der Reisenden. Meistens steht ein Posten an der Einfahrt in eine Stadt und ein zweiter an der Ausfahrt, aber auch bei der Fahrt durch ein Dorf kann man einem Posten begegnen, den wachsame und besorgte Bauern aufstellten, manchmal taucht sogar auf freiem Feld oder im einsamsten Busch ein Posten auf, den Nomaden auf eigene Faust ausgeschickt haben, die in der Nähe ihre Herden weiden.

An den wichtigen Straßen, wo bedeutende Posten stehen, ist die Fahrbahn mit einem farbigen, von weitem sichtbaren Schlagbaum gesperrt. Weil aber überall improvisiert wird und es an Material fehlt, behelfen sich andere, so gut sie eben können. Manche ziehen in der Höhe der Windschutzscheibe Drähte über die Straße, und wenn sie keinen Draht haben, einen Sisalstrick. Sie blockieren die Straße mit leeren Benzinfässern oder errichten Hindernisse aus Felsen und Vulkangestein. Sie streuen Glas und Nägel auf die Straße. Sie legen trockene, dornige Schlehenzweige hin. Sie verbarrikadieren die Durchfahrt mit Bündeln von Stapelien oder dem Wurzelstock eines Sagobaumes. Am einfallsreichsten erwiesen sich die Leute an der Straßensperre in Mulondo. Aus einem von den Portugiesen verlassenen Rasthaus schleppten sie eine hohe, wie ein Tryptichon gebaute Kredenz auf die Straße, die im Mittelteil einen Spiegel besaß, der sich kippen ließ. Indem sie den Spiegel kippten, bis er die Sonnenstrahlen reflektierte, blendeten sie die Herankommenden, die nicht weiterfahren konnten, in großer Entfernung anhielten und zu Fuß zum Posten marschierten, um zu erklären, wer sie waren und wohin sie wollten.

Man muß lernen, mit diesen Posten zu leben, und ihre Sitten achten, wenn man ungehindert reisen und lebend ans Ziel kommen will. Das Schicksal unserer Fahrt, ja, unser Leben liegt in den Händen der Posten, das darf man nie außer acht lassen. Es sind Menschen der unterschiedlichsten Berufe und Altersstufen. Soldaten aus der Etappe, lokale Milizionäre, Burschen, die das Kriegsfieber gepackt hat, oft auch noch Kinder. Die Bewaffnung ist unterschiedlich: Maschinenpistolen, alte Karabiner, Macheten, Messer und

Knüppel. Auch die Kleidung ist beliebig, denn es gibt kaum Uniformen. Manchmal sieht man ein Militärhemd, aber meist bunte Hemden, manchmal einen Helm, aber oft auch einen Damenhut, manchmal massives Schuhwerk, aber meist Turnschuhe oder nackte Füße. Dieser Krieg ist arm, er trägt billige Kattunfetzen.

Jede Begegnung mit einer Straßensperre besteht aus: a) einem erklärenden Teil, b) der Verhandlung, c) freundschaftlichen Gesprächen. Es ist ratsam, langsam zur Straßensperre zu rollen und in schicklicher Entfernung anzuhalten. Jedes gewaltsame Bremsen und Quietschen der Reifen wird schlecht aufgenommen, die Posten haben solche Mätzchen nicht gern. Dann steigen wir aus dem Auto und nähern uns dem Ort, wo die Straße mit einem Schlagbaum, einem Benzinfaß, einem Haufen Steine, einem Wurzelstock oder einer Kredenz gesperrt ist. Wenn das in Frontnähe ist, sind unsere Knie weich vor Angst, und unser Herz schlägt bis zum Hals. Denn wir wissen nicht, wem diese Straßensperre gehört: der MPLA, der FNLA oder der UNITA? Die Sonne scheint, und es ist heiß. Die weißglühende Luft flimmert, als würde Schneegestöber über die Straße wehen. Doch es ist still, uns umgibt eine reglose Welt, die den Atem anhält. Und auch wir halten, unwillkürlich, den Atem an.

Wir verharren und warten.

Niemand ist zu sehen.

Aber die Posten sind da. Versteckt im Gebüsch oder in einer Hütte neben der Straße, beobachten sie uns aufmerksam. Wir sind ihren Blicken und – Gott bewahre uns! – ihren Schüssen ausgeliefert. In einem solchen Moment darf man weder Nervosität noch Eile zeigen, denn das könnte bös enden. Im Gegenteil, wir verhalten uns ganz gewöhnlich, ordentlich, locker, tun nichts anderes, als zu warten. Man darf auch nicht ins andere Extrem verfallen und seine Angst durch künstliche Ruhe kaschieren, Faxen machen, Eindruck schinden, hopp! hopp! rufen oder übertriebene Selbstsicherheit an den Tag legen. Die Posten könnten zur Auffassung gelangen, daß wir sie nicht ernst nehmen, und das hätte fatale Folgen für uns. Sie können es auch nicht leiden, wenn die Reisenden die Blicke schweifen lassen, die Hände in die Taschen stecken, sich in den Schatten des nächsten Baumes fläzen oder – was überhaupt ein Vergehen darstellt – selber darangehen, das Hindernis von der Straße zu räumen.

Nach Beendigung der Musterung verlassen die Posten ihr Versteck und kommen langsam, gemächlichen Schrittes, aber stets wachsam, die Waffen schußbereit, auf uns zu. Sie nähern sich und bleiben dann in sicherer Entfernung stehen.

Die Reisenden stehen wir festgewurzelt.

Erinnern wir uns, die Sonne scheint, und es ist heiß.

Nun kommt der dramatischste Teil der Begegnung – die gegenseitige Prüfung. Um den Sinn dieser Szene zu begreifen, müssen wir uns ins Gedächtnis rufen, daß die Armeen, die einander bekämpfen, gleich bekleidet (oder gleich unbekleidet) und große Teile des Territoriums Niemandsland sind, in das einmal die einen und dann wieder die anderen, Freund oder Feind, vordringen und ihre Straßensperren darin errichten. Daher wissen wir anfangs nicht, wer diejenigen sind, die aus ihrem Versteck auf uns zukommen, und was sie mit uns vorhaben. Und auch sie wissen nichts über uns.

Jetzt müssen wir unseren ganzen Mut zusammennehmen, um das eine Wort zu sagen, das über Leben oder Tod entscheiden kann:

Camarada!

Wenn die Posten Anhänger Agostinho Netos sind, die sich mit dem Wort *camarada* begrüßen, dürfen wir weiterleben. Wenn sich allerdings herausstellt, daß sie zu den Leuten von Holden Roberto oder Jonas Savimbi gehören, die einander *irmão* (Bruder) rufen, dann sind wir am Ende unserer irdischen Existenz angelangt. Im nächsten Moment werden sie uns antreiben, unser eigenes Grab zu schaufeln. Neben alten, eingesessenen Straßensperren liegen die Friedhöfe derjenigen, die nicht das Glück hatten, die Posten mit dem richtigen Wort zu begrüßen.

Aber nehmen wir an, daß uns diesmal das Schicksal gnädig war. Wir riefen mit vor Angst erstickter, krächzender Stimme: Camarada! Dieses Wort sagten wir so, daß zwar ein Laut bis zu den Leuten an der Straßensperre drang, aber nicht allzu deutlich, zu wörtlich, nicht unwiderruflich, so daß unser Stammeln, in dem wir die Tonfetzen des Wortes *camãrada* verbargen, uns ein Schlupfloch ließ, eine Chance zur Umkehr, zum Rückzug in das Wort *irmão*, so daß man die unglückselige Vertauschung der Wörter auf diese höllische

Hitze schieben kann, die unsere Gedanken verwirrt hat und uns Unsinn plappern ließ, auf die Erschöpfung von der Reise und die Nervosität, die bei jedem, der sich an der Front befindet, nur zu verständlich ist. Es ist ein überaus heikles Spiel, das große Geschicklichkeit, viel Einfühlungsvermögen und ein feines Gehör verlangt. Wenn man es sich zu leicht machen will, zu dick aufträgt, kommt das gleich heraus. Man darf, zum Beispiel, nicht in einem Atemzug rufen: Camarada! Irmão!, sonst würden uns die Posten – völlig zu Recht – als feige Opportunisten ansehen, die in Frontsituationen auf der ganzen Welt verhaßt sind. Wir erweckten Verdacht und würden zur weiteren Untersuchung festgehalten.

Wir rufen also: Camarada!, und die Gesichter der Posten strahlen. Nun antworten sie: Camarada! Alle rufen: Camarada! Camarada! – ungehemmt und laut, unzählige Male fliegt dieses Wort zwischen uns hin und her wie eine Schar Tauben.

Die Euphorie, die uns bei dem Gedanken erfaßt, daß wir am Leben bleiben, ist jedoch nur von kurzer Dauer. Wir bleiben am Leben, aber ob wir auch weiterfahren dürfen, muß sich erst zeigen. Daher kommen wir jetzt zum ersten, erklärenden Teil der Begegnung. Wir sagen, wer wir sind, woher wir kommen und wohin wir wollen. An dieser Stelle präsentieren wir auch unseren Passierschein. Es gibt Probleme, wenn der Posten nicht lesen kann, was bei Straßensperren von Bauern und Nomaden meistens der Fall ist. Besser organisierte Straßensperren beschäftigen zu diesem Zweck Kinder. Kinder können häufiger lesen als Erwachsene, denn Schulen wurden hier erst in den letzten Jahren eingerichtet. Der Inhalt des Passierscheines vom Generalstab ist für gewöhnlich warm und herzlich. Er besagt, daß *camarada* Ricardo Kapuchinsky unser Freund ist, ein Mensch guten Willens, der unser Vertrauen besitzt, weshalb alle *camaradas* an der Front und im Hinterland ersucht werden, ihm Gastfreundschaft und Hilfe zu gewähren.

Doch trotz dieser positiven Beschreibung beginnen die Leute von der Straßensperre meistens damit, daß sie uns nicht weiterfahren lassen und wir umkehren müssen. Das ist verständlich. Es stimmt, daß die Autorität Luandas groß ist, aber auch der Posten stellt eine Macht dar, und das Wesen der Macht besteht nun einmal darin, daß sie sich unter Beweis stellen muß.

Wir lassen jedoch die Hoffnung nicht fahren und den Mut nicht sinken! Wir greifen zur Waffe der Überredungskunst. Tausend Argumente sprechen zu unseren Gunsten. Unsere Dokumente sind in Ordnung: Wir besitzen ein Schreiben, mit Stempel und Unterschrift. Wir kennen Präsident Agostinho Neto persönlich. Wir kennen den Kommandanten des Frontabschnitts. Wir schreiben und tragen den Ruhm Angolas und seiner Kämpfer für die gerechte Sache in die ganze Welt hinaus. Die bösen Europäer haben sich alle aus dem Staub gemacht, wer zurückblieb, muß also ein Freund sein, sonst wäre er nicht hier. Im übrigen könnt ihr uns durchsuchen, wir haben keine Waffen, können keinem etwas zuleide tun.

Langsam und widerwillig lenken die Posten ein. Noch diskutieren sie, beraten sich untereinander, manchmal beginnen sie sich auch zu zanken. Sie können einen Boten zum Kommandanten schicken, der in die Stadt gefahren oder ins Dorf gegangen ist. Dann heißt es warten. Warten und nochmals warten, mit Warten bringen wir hier unser ganzes Leben zu. Aber das hat auch seine guten Seiten, weil wir uns durch gemeinsames Warten besser kennenlernen, einander näherkommen. Schon gehören wir zur Gemeinschaft der Straßensperre. Wenn genug Zeit ist und wir Lust haben, können wir ihnen etwas von Polen erzählen. Auch wir haben Meer und Berge. Auch wir haben Wälder, doch unsere Bäume sind anders, bei uns wachsen zum Beispiel keine Affenbrotbäume. Auch kein Kaffee. Polen ist kleiner als Angola, dafür haben wir mehr Einwohner. Wir sprechen Polnisch. Die Ovimbundu sprechen ihre Sprache, die Chokwe ihre und wir unsere. Wir essen keinen Maniok, ja, wir kennen den gar nicht. Bei uns tragen alle Schuhe. Nur im Sommer kann man barfuß gehen, im Winter könnte ein Mensch mit nackten Füßen erfrieren und sterben. Sterben, weil man barfuß geht? Ha! Ha! Ist es weit bis nach Polen? Sehr weit, aber mit dem Flugzeug ist es nah. Und über das Meer dauert die Reise einen Monat. Einen Monat? Das ist nicht weit. Habt ihr Karabiner? Wir haben Karabiner, Kanonen und Panzer. Das ist es ja, wir aber haben keine Panzer. Rinder haben wir dieselben wie ihr. Kühe und Ziegen, Ziegen nur wenige. Ihr habt noch nie ein Pferd gesehen? Nun, dann müßt ihr einmal ein Pferd sehen, bei uns gibt es viele Pferde.

Die Zeit vergeht in gemütlichem Geplauder, und genau das bezwecken die Posten. Jetzt wagen nur wenige Menschen eine Reise. Die Straßen sind leer, man muß oft tagelang warten, bis man ein neues Gesicht sieht. Dennoch können sie nicht über Langeweile klagen. In diesen Tagen konzentriert sich das Leben rund um die Straßensperre, wie im Mittelalter um die Kirche und in den grenzenlosen Weiten Amerikas um die Tankstellen. Auf Tüchern haben örtliche Kaufleute ihre Waren ausgelegt – fleischige Bananen, Hühnereier, winzig wie Nüsse, rote Pili-Pili, getrockneten Mais, schwarze Bohnen und herbe Granatäpfel. Der Besitzer einer Kleiderbude verkauft billiges Gewand, schreiend bunte Tücher, aber auch hölzerne Kämme, Plastiksterne, Spiegel mit den Bildern bekannter Schauspieler auf der Rückseite, Gummielefanten und Flöten mit beweglichen Klappen. Wenn die Kinder gerade nicht Dienst tun, spielen sie auf dem benachbarten Feld mit einem Ball aus Lumpen. Man begegnet Dorfweibern mit Tonkrügen auf dem Kopf, die Wasser holen und dabei von irgendwo nach irgendwo laufen.

Wenn die Straßensperre in Freundeshand ist, stellt sie eine gastliche Station dar. Hier können wir Wasser trinken und manchmal auch ein paar Liter Benzin kaufen. Wir bekommen gebratenes Fleisch. Wenn es spät geworden ist, dürfen wir hier übernachten. Manchmal haben sie auch Informationen, in wessen Händen sich die nächste Wegstrecke befindet.

Nun rückt die Zeit unserer Abfahrt näher, und die Posten gehen an die Arbeit. Sie machen den Weg frei – sie schieben die Fässer weg, rollen die Steine zur Seite, rücken die Kredenz an den Straßenrand. Und dann, wenn wir schon zur Abfahrt bereit sind, bestürmen sie uns mit der einen, sich immer wiederholenden Bitte: Habt ihr Zigaretten?

Und nun gibt es plötzlich einen Rollentausch. Jetzt geht die Macht in unsere Hände über, denn wir sind es, die Zigaretten besitzen, nicht sie. Wir entscheiden, ob sie eine, zwei oder sogar fünf Zigaretten bekommen. Die Posten lassen die Waffen sinken und warten artig und geduldig, mit demütigen Blicken. Seien wir keine Unmenschen, teilen wir gerecht mit ihnen. Sie führen Krieg, kämpfen und riskieren ihr Leben. Beschenkt, heben sie die Arme in einer Geste des Sieges, lachen, und unter ihren *camarada-*, *camarada-*Rufen fahren wir weiter hinein ins Unbekannte, in die leere Welt, in die weiße Gluthölle, in die Angst, die uns bei der Begegnung mit der nächsten Straßensperre erwartet.

Indem ich mich so von einer Straßensperre zur nächsten bewegte, im wechselnden Rhythmus von Angst und Freude, gelangte ich nach Benguela. Von Luanda nach Benguela sind es sechshundert Straßenkilometer durch leeres, flaches, farbloses Land. Eine zufällige Ansammlung von Steinen, zerzausten Büschen, schmutzigem Sand und zerbrochenen Wegweisern bildet eine graue, wüste Landschaft. In der Regenzeit hängen die Wolken dicht über dem Boden, die Güsse dauern stundenlang, und es gibt so wenig Licht, als herrschte hier nie Tag, sondern ewige Dämmerung und Nacht. Sogar in der Zeit der größten Hitze erinnert diese Landschaft, trotz der gleißenden Sonne, an eine verlassene Brandstätte, so aschgrau, tot und unwirtlich wirkt sie. Die Menschen, die hier durchmüssen, beeilen sich, um die trostlose Weite möglichst rasch hinter sich zu bringen und erleichtert ihren Bestimmungsort, die Oase, zu erreichen. Luanda ist eine Oase, auch Benguela – Oasen in dieser Wüste, die sich über die ganze Küste Angolas erstreckt.

Benguela – eine verschlafene, fast menschenleere Stadt, die im Schatten von Akazien, Palmen und Kipersoli vor sich hin döst. Die Villenviertel stehen leer, die von Blumen überwucherten Häuser sind verrammelt. Ein unbeschreiblicher Luxus an Unterkunftsmöglichkeiten, ein Überfluß an Wohnraum, der einen schwindlig macht; in den Einfahrten, auf den Straßen verlassene Autos, Chevrolets, Alfa Romeos, Jaguars, die vermutlich fahrbereit sind, obwohl keiner sie zu starten versucht. Und daneben, hundert Meter weiter, die Wüste, die hier weiß und poliert ist wie ein Salzhaufen, ohne einen einzigen Grashalm, ohne Baum, ohne Rettung. In dieser Wüste liegen die afrikanischen Viertel, schlampig aus Lehm und Kot zusammengekleistert, aus Platten und Blech zusammengeklopft, von Menschen wimmelnd, stickig und elend. Obwohl diese beiden Welten – Komfort und Armut – nur einen Schritt auseinander liegen und keiner die reichen europäischen Viertel bewacht, machen die Schwarzen aus den Lehmhütten keine Anstalten, diese zu okkupieren. Dieser Gedanke kommt ihnen gar nicht. Das veranschaulicht vielleicht am besten ihre passive Haltung. Denn es geht nicht darum, daß sie von moralischen Skrupeln geplagt werden oder vielleicht befürchten, die Weißen könnten zurückkehren und Rache nehmen. Diese Erwägungen kämen in Betracht, wenn sie vorher den Wunsch verspürt hätten, die weißen Viertel zu besetzen. Aber sie haben noch nicht jene Bewußtseinsstufe erreicht, die die Menschen Gerechtigkeit fordern oder auch selber suchen läßt. Nur Afrikaner, die studiert haben, lesen können, Filme gesehen haben, nur die haben begriffen, daß die Entkolonialisierung ihnen die Chance eines raschen materiellen Aufstiegs, der Akkumulation von Reichtum und Privilegien bietet. Und es fällt ihnen um so leichter, diese Chance zu nützen, als ihre weniger aufgeklärten Brüder – und von denen gibt es zehn in jedem Dutzend – für sich selber gar nichts verlangen und ihre Lehmhütten und Maniokschüsseln als die Welt betrachten, die ihnen ein für allemal gegeben ist.

Einige Zeit ging ich an der Grenze zwischen den beiden Vierteln entlang, dann schlug ich den Weg ins Zentrum ein. Ich kam in eine kleine Gasse, in der in einer geräumigen, einstöckigen Villa der Stab des mittleren Frontabschnittes untergebracht war. Vor dem Tor saß eine Wache mit von einer Knochenhautentzündung schrecklich angeschwollenem Gesicht, die sich jammernd den Schädel hielt, als befürchte sie, dieser könnte jeden Moment platzen. Es war unmöglich, sich mit diesem Unglückswurm zu verständigen, für ihn existierte in diesem Augenblick nichts um ihn herum. Ich stieß das Tor auf. Im Garten türmten sich, im Schatten flammender Bougainvilleas, Munitionskisten, Mörserrohre und Stöße von Kochgeschirr. Auf der Veranda schliefen, in einer Reihe ausgerichtet, Soldaten. Ich ging die Treppe hinauf und öffnete die erste Tür. In dem Zimmer stand nur ein Schreibtisch, hinter dem ein großgewachsener, bulliger Weißer saß.

Das war Comandante Monti, der Befehlshaber der Front.

Er tippte auf der Schreibmaschine ein Gesuch an Luanda, Soldaten und Waffen zu schicken. Der einzige Panzerwagen, den sie an der Front hatten, war gestern von der Granate eines Söldners getroffen worden. Wenn nun der Feind mit seinem Panzerwagen angriff, blieb ihnen nichts übrig, als das Gebiet zu räumen und sich immer weiter zurückzuziehen.

Monti las den Brief, den ich aus Luanda mitgebracht hatte, sagte, ich sollte mich setzen – aufs Fensterbrett, denn Sessel gab es keine –, und tippte weiter. Nach einer Viertelstunde waren auf der Treppe Schritte zu hören, und vier Männer traten ein: ein Fernsehteam aus Lissabon. Sie waren für zwei Tage gekommen, dann wollten sie wieder mit ihrem Flugzeug nach Portugal zurückkehren. Chef des Teams war Luis Alberto, ein dynamischer, quirliger Mulatte, klug und mutig. Wir schlossen gleich Freundschaft. Monti und Alberto kannten einander aus früheren Jahren, beide stammten aus Angola, wahrscheinlich sogar von hier, aus Benguela. Sie mußten daher keine Zeit mit gegenseitigem Kennenlernen und Vorstellen vergeuden.

Alberto und ich wollten an die Front fahren, doch der Rest des Teams war dagegen. Der Rest des Teams – das heißt Carvalho, Fernandez und Barbosa. Sie sagten, sie besäßen Frauen und Kinder und hätten begonnen, in der Umgebung von Lissabon (in wirklich schöner Lage, nämlich in Cascais) Einfamilienhäuser zu bauen, und sie würden nicht in diesem verrückten, sinnlosen Krieg draufgehen, in dem keiner etwas wußte, in dem Freund und Feind einander bis zum letzten Moment nicht erkannten und man auch ohne jeden Kampf leicht Kopf und Kragen verlieren konnte, nur wegen der fürchterlichen Unordnung, wegen des Mangels an Informationen, der Faulheit und Gleichgültigkeit der Schwarzen, für die ein Menschenleben keinen Wert hat.

Mit einem Wort, sie sagten, daß sie leben wollten.

Es setzte eine Diskussion ein, etwas, was die lateinischen Völker über alles in der Welt lieben. Alberto wollte sie mit dem Argument überzeugen, daß sie zahllose Filmrollen drehen und Unmengen von so dringend benötigtem Geld verdienen könnten. Aber erst Monti gelang es, sie zu beruhigen, indem er sagte, daß um diese Tageszeit – es ging auf Mittag zu – an der Front nicht gekämpft würde. Und er lieferte dafür eine einleuchtende Begründung:

Weil es zu heiß ist.

Vor dem Fenster wallte die Luft wie glühendes Blech, und jede Bewegung erforderte eine Anstrengung. Wir machten uns auf den Weg. Monti ging hinunter, weckte einen Soldaten auf und schickte ihn in die Stadt, wo es Fahrer und Wagen gab. Es kamen ein

Citroën DS und ein Ford Mustang. Monti wollte uns eine Freude machen und gab uns als Eskorte einen weiblichen Soldaten namens Carlotta mit.

Carlotta kam, die Maschinenpistole über der Schulter, und obwohl sie eine zu weite Ranger-Uniform trug, ließ sich ahnen, wie gut sie gebaut war. Eigentlich gab die Anwesenheit Carlottas den Ausschlag dafür, daß die Fernsehleute auf die Häuser in der Umgebung Lissabons pfiffen und beschlossen, an die Front zu fahren. Trotz ihrer zwanzig Jahre war Carlotta schon eine Legende. Vor zwei Monaten, während des Aufstandes in Huambo, hatte sie eine kleine Truppe der MPLA angeführt, die von einer tausend Mann starken Einheit der UNITA umzingelt wurde. Es gelang ihr, sich aus der Einkreisung zu befreien und auch ihre Leute hinauszubringen. Mädchen sind überhaupt hervorragende Soldaten, bessere als Burschen, die sich an der Front manchmal hysterisch und oft unverantwortlich aufführen. Unser Mädchen war eine Mulattin, die großen Charme besaß und uns damals auch ungemein hübsch erschien, obwohl ich später, als ich ihre Fotografie entwickelte, das einzige Bild Carlottas, das von ihr blieb, feststellte, daß sie gar nicht so schön war. Das heißt – keiner sagte das laut, um nicht unseren Mythos zu zerstören, unsere Vorstellung von Carlotta an jenem Oktobernachmittag in Benguela. Ich suchte in Lissabon Alberto, Carvalho, Fernandez und Barbosa auf und zeigte ihnen das Bild Carlottas von unserer Fahrt an die Front. Sie betrachteten es schweigend, und ich glaube, daß wir damals alle lieber schwiegen, um nichts über ihre angebliche Schönheit sagen zu müssen. War das im übrigen noch von Bedeutung? Carlotta war nicht mehr, sie ist nicht mehr. Sie bekam den Befehl, sich beim Stab der Front zu melden, also zog sie die Uniform an, kämmte ihre Afro-Frisur hoch, warf die Maschinenpistole über die Schulter und ging hin. Vor dem Stab warteten Comandante Monti, vier Portugiesen und ein Pole. Von Anfang an erschien sie uns schön. Warum? Weil das unserer Stimmung entsprach, weil wir das brauchten, es so haben wollten. Immer sind wir es, die die Schönheit der Frauen erfinden, also erfanden wir auch dieses Mal Carlottas Schönheit. Das läßt sich nicht anders erklären.

Die Autos fuhren ab, wir nahmen die Straße nach Balombo, hundertsechzig Kilometer nach Osten. Eigentlich hätten wir ja alle auf dieser Strecke voller Serpentinen umkommen müssen, durch die unsere Fahrer wie Verrückte jagten, so daß es einem Wunder glich, daß wir lebend ankamen. Carlotta saß in unserem Wagen, neben dem Fahrer, und machte sich, da sie selber solche Touren gewöhnt war, ein wenig lustig über uns. Der Fahrtwind zerrte ihr Haar nach hinten, zu uns, und Barbosa sagte, er wolle Carlottas Kopf halten, damit der Wind ihn nicht abriß. Carlotta lachte, und wir beneideten Barbosa. Bei einem Halt machte Fernandez den Vorschlag, Carlotta solle sich zu uns nach hinten setzen, auf die Knie von einem von uns, doch das wollte sie nicht. Wir freuten uns lautstark über seine Niederlage. Denn Fernandez wollte natürlich, daß sie sich auf seine Knie setzte, doch das hätte alles zerstört, denn sie gehörte keinem konkret, wir hatten sie gemeinsam geschaffen, sie war unser aller Carlotta.

Sie kam in Roçadas zur Welt, nahe der Grenze zu Namibia. Vor einem Jahr machte sie eine Ausbildung in den Wäldern von Cabinda. Nach dem Krieg wollte sie Krankenschwester werden. Das ist alles, was wir von ihr wissen, von diesem Mädchen, das jetzt im Auto sitzt, die Maschinenpistole auf den Knien und, weil wir unseren Vorrat an Späßen erschöpft haben und für eine Weile Ruhe eintritt, ernst und nachdenklich geworden ist. Wir wissen, daß Carlotta weder Alberto noch Fernandez gehören wird, aber daß sie keinem mehr gehören wird, das wissen wir noch nicht.

Wir müssen neuerlich anhalten, weil die Brücke beschädigt ist und die Fahrer diskutieren, ob sie drüberfahren können. Wir haben ein paar Minuten Zeit, daher mache ich eine Aufnahme von Carlotta. Ich bitte sie zu lächeln. Sie lehnt am Brückengeländer. Ringsum sind Felder, vielleicht auch Wiesen, ich weiß es nicht mehr. Nach einer Weile fuhren wir weiter. Wir kamen durch niedergebrannte Dörfer, menschenleere Städtchen, verlassene Tabak- und Ananasplantagen. Dann gab es immer mehr Tamariskenbüsche, es begannen grüne Hügel und Wälder. Es wurde schlimmer, denn wir fuhren zur Front über eine Straße, um die heftig gekämpft worden war, und auf dem Asphalt lagen tote Soldaten. Es ist hier nicht üblich, die Gefallenen zu bestatten, und jede Fahrt durch Kampfgebiet ist begleitet vom bestialischen Gestank sich zersetzender Leichen.

In der fauligen Schwüle der Tropen muß es noch zusätzliche Fermentationsprozesse geben, denn der Gestank ist so intensiv, so schrecklich, ja betäubend, daß ich, obwohl ich die Front kannte, jedesmal schwindlig wurde und Übelkeit verspürte. Im ersten Wagen hatten wir einen Kanister Reservebenzin. Wir hielten an, übergossen die Toten mit Benzin, legten ein paar trockene Zweige darüber, und dann feuerte der Fahrer aus seiner Maschinenpistole in einem Winkel auf die Fahrbahn, daß Funken hochsprangen und die Flammen entzündeten. Mit diesem Feuer kennzeichneten wir unseren Weg nach Balombo.

Balombo ist eine Kleinstadt im Wald, die ständig von einer Hand in die andere wechselt. Wegen des Waldes, der tatsächlich an einen polnischen Wald erinnert, kann sich keine Seite für längere Zeit darin festsetzen, denn der Wald erlaubt dem Feind, ungesehen bis zum Stadtrand vorzudringen und die Verteidiger plötzlich anzugreifen. Heute morgen wurde Balombo von hundert Soldaten der MPLA eingenommen. In den umliegenden Wäldern sind noch Schüsse zu hören, denn der Feind hat sich zwar zurückgezogen, aber nicht weit. In dem zerstörten Balombo gibt es keine Zivilisten, nur diese hundert jungen Soldaten. Es gibt Wasser, und die Mädchen der Einheit kommen uns frisch geduscht entgegen, mit feuchten Haaren, die sie mit papierenen Lockenwicklern eingedreht haben. Carlotta rügt sie, sie sollen nicht soviel Zeit für ihre Toilette verschwenden, sie müßten immer kampfbereit sein. Die Mädchen wieder klagen, daß sie die erste Welle des Angriffs bildeten, weil die Burschen zurückblieben. Die Burschen klopfen sich an die Stirn und meinen, das seien Lügen. Die Burschen sind sechzehn, achtzehn Jahre alt, wie bei uns in Polen die Gymnasiasten, die Aufständischen. Ein Teil der Abteilung kurvt mit einem erbeuteten Traktor über die Hauptstraße. Jeder fährt eine Runde und übergibt dann das Steuer dem nächsten. Andere haben den Kampf um den Traktor aufgegeben und flitzen auf Beutefahrrädern herum. In Balombo ist es kühl, weil es hoch liegt, man spürt einen leichten Windhauch und hört den Wald rauschen.

Das Team filmt, ich begleite es und fotografiere. Carlotta ist vernünftig und läßt sich nicht vom Siegestaumel anstecken, der die

Abteilung erfüllt hat. Sie weiß, daß jeden Moment der Gegenangriff erfolgen oder ein versteckter Scharfschütze unsere Köpfe ins Visier nehmen kann. Sie geht daher die ganze Zeit mit schußbereiter Waffe neben uns her. Sie ist ernst und einsilbig. Man hört, wie ihre Stiefelschäfte beim Gehen gegeneinander reiben. Carvalho – der Kameramann – filmt Carlotta, wie sie an den niedergebrannten Häusern entlanggeht, dann vor dem Hintergrund der prächtigen Adenien. Das alles wird in Portugal gezeigt werden, in einem Land, das Carlotta nie sehen wird. In einem anderen Land, in Polen, erscheint ihr Bild. Noch gehen wir durch Balombo und unterhalten uns. Barbosa fragt sie, wann sie heiraten will. Ach, das weiß sie nicht, jetzt ist Krieg. Die Sonne geht hinter den Bäumen unter, die Dämmerung bricht herein, und wir müssen fahren. Wir kehren zu den Autos zurück, die auf der Hauptstraße warten. Wir sind alle zufrieden, weil wir an der Front waren, Filme und Fotos haben, weil wir leben. Carlotta geht voraus, wir hinterher. Der Fahrer läßt den Motor an und legt den Gang ein. Und in diesem Moment – wir erinnern uns alle, daß es genau in diesem Moment war – steigt Carlotta aus dem Wagen und sagt, sie bleibe. Carlotta, bittet Alberto, fahr mit uns, wir laden dich zum Abendessen ein, und morgen nehmen wir dich mit nach Lissabon! Carlotta lacht, winkt uns mit der Hand zum Abschied und gibt dem Fahrer ein Zeichen loszufahren.

Wir sind traurig.

Wir lassen Balombo hinter uns, unterwegs wird es immer dunkler, die Nacht bricht herein. Wir kommen spät nach Benguela, wo wir die einzige offene Bar aufsuchen; wir wollen etwas essen. Alberto, der hier alle kennt, erobert einen Tisch an der freien Luft. Herrlich, hier ist es kühl, und die Sterne funkeln. Wir setzen uns hungrig, erschöpft zu Tisch und plaudern. Das Essen läßt lange auf sich warten. Alberto ruft, doch ringsum herrscht Lärm, und keiner hört uns. Da tauchen aus einer Kurve Lichter auf, ein Wagen jagt ums Eck und bremst vor der Bar ab. Aus dem Wagen springt ein erschöpfter, schmutziger Soldat, das Gesicht mit Erde verschmiert. Er sagt, gleich nach unserer Abfahrt sei Balombo angegriffen worden und sie hätten die Stadt nicht halten können; im selben Satz sagt er, daß Carlotta bei diesem Angriff ums Leben kam.

Wir stehen wortlos vom Tisch auf und gehen über die ausgestorbene Straße. Jeder für sich, es gibt nichts zu sagen. Voran Alberto, gebückt, dahinter Carvalho, auf der anderen Seite Fernandez, dann Barbosa, ich zum Schluß. Es ist besser, daß keiner spricht, daß wir so zum Hotel trotten und einander aus den Augen gehen. Wir waren in verrücktem Tempo aus Balombo abgefahren, und keiner hatte die Schießerei gehört, die gleich hinter uns losbrach. Es war also keine Flucht. Und wenn wir die Schüsse gehört hätten, wären wir dann umgekehrt, um Carlotta beizustehen? Wären wir bereit gewesen, unser Leben zu riskieren, um sie zu schützen, so wie sie ihres riskierte, als sie uns in Balombo Deckung gab? Vielleicht kam sie um, als sie unsere Abfahrt deckte, weil die Burschen sich um den Traktor zankten und die Mädchen mit ihrer Toilette beschäftigt waren, während die Feinde plötzlich aus dem Nichts auftauchten.

Wir alle sind schuld an ihrem Tode, weil wir zuließen, daß Carlotta zurückblieb, wir hätten ihr befehlen können, mit uns umzukehren. Die größte Schuld haben Alberto und ich auf uns geladen: Wir wollten unbedingt an die Front, und dann gab Monti uns eine Eskorte, das heißt, er gab uns dieses Mädchen mit. Aber können wir jetzt etwas daran ändern, rückgängig machen, den Tag zurückholen?

Carlotta existiert nicht mehr.

Wer konnte ahnen, daß wir sie in ihrer letzten Stunde sahen? Und daß alles in unseren Händen lag? Warum hat Alberto nicht dem Fahrer befohlen anzuhalten, ist ausgestiegen und hat zu ihr gesagt: Du fährst mit uns, sonst bleiben wir auch da, und dann bist du für uns verantwortlich? Warum hat das keiner von uns getan? Und ist die Schuld geringer, weil sie auf uns fünf verteilt ist, ist sie deshalb leichter zu ertragen?

Natürlich war es ein tragischer Zufall. So erzählen wir das jetzt und lügen dabei. Wir könnten auch sagen, daß es Bestimmung war, Fatum. Es gab keinen Grund, daß sie dort blieb, außerdem war von Anfang an ausgemacht, daß sie mit uns zurückfahren würde. Sie stieg im letzten Moment, einem inneren Befehl gehorchend, aus dem Wagen, und einen Moment später war sie tot. Laßt uns glauben, daß es Bestimmung war. In solchen Situationen verhalten wir uns auf eine Art, die wir später nicht erklären können. Und wir sagen, hohes Gericht, ich weiß nicht, wie das geschehen konnte, wie es dazu kam, denn eigentlich hat es mit einer Nichtigkeit begonnen.

Doch Carlotta kannte diesen Krieg besser als wir, sie wußte, daß bald die Dämmerung hereinbrechen würde, die bevorzugte Stunde des Angriffs, und daß es ratsam war, unsere Abfahrt vor Ort zu dekken. Das war sicher der Grund für ihre Entscheidung. Das glauben wir jetzt, da es zu spät ist. Wir können sie nicht mehr fragen, denn Carlotta ist nicht mehr.

Wir klopfen an die Tür des Hotels, das schon geschlossen ist. Der Besitzer, ein massiger Schwarzer, öffnet, er will uns umarmen vor Freude, weil wir heil zurück sind, er überschüttet uns mit Fragen. Dann schaut er uns nachdenklich an, verstummt und zieht sich zurück. Jeder nimmt seinen Schlüssel, geht hinauf und sperrt sich in sein Zimmer ein.

Dieser kleine, verschwindende Punkt ist das Flugzeug, mit dem Alberto und sein Team abfliegen. Das Brummen der Motoren steigt hinauf, über den Flughafen, über die Stadt, wird schwächer und schwächer, doch es ist noch zu hören, noch lange, nachdem der winzige Punkt schon verschwunden ist. Nun scheint es, daß aus dem Kosmos das Echo eines unsichtbaren, fernen Sternengewitters zu uns dringt. Doch auch das verstummt. Der Himmel wird ruhig, Stille breitet sich aus und ein morgendlicher Schimmer. Nach ein paar Stunden taucht am anderen Ende der Galaxis ein winziger Punkt auf, der größer wird, das bedeutet, daß Alberto und sein Team in Europa landen.

Auch ich fliege aus Benguela ab, allerdings in entgegengesetzter Richtung, nach Süden, dorthin, wo der afrikanische Kontinent seinem Ende zustrebt und nach tausend und noch mehr Kilometern, hinter Namibia und der Kalahari, in zwei Ozeane taucht. Als wir am Morgen zum Flughafen kamen, stand neben der Maschine Albertos noch ein zweimotoriges Flugzeug vom Typ Friendship, dessen Piloten – zwei unrasierte, erschöpfte Portugiesen mit von Schlaflosigkeit geröteten Augen – sagten, sie wollten gleich nach Lubango fliegen, um von dort die letzte Gruppe Flüchtlinge zu holen. Lubango, das früher Sá da Bandeira hieß, liegt dreihundertfünfzig Kilometer südlich von Benguela und ist Sitz des südlichen

Frontstabes. Ich hatte keinen Passierschein für dieses Gebiet, denn zur südlichen Front, die am schwächsten, am verlassensten, am schlechtesten organisiert und bewaffnet ist, ließen sie keinen fahren. Doch ich war zuversichtlich, daß ich durchkommen würde. So dachte ich, obwohl ich, ehrlich gesagt, überhaupt nicht nachdachte, denn wenn ich mir das gut überlegt hätte, wäre mir vielleicht die Lust vergangen, dorthin zu fahren. Andererseits, wenn ich noch mehr überlegt hätte, wäre ich vielleicht doch gefahren, weil ich der Ansicht bin, daß ich nicht über Menschen schreiben soll, mit denen ich nicht wenigstens ein wenig von dem durchgemacht habe, was sie durchmachen. Jedenfalls bestürmte ich die Piloten, mich mitzunehmen. Sie waren so erschöpft vom pausenlosen Fliegen, so abgestumpft allem gegenüber, daß sie nichts sagten, was vielleicht bedeutete, daß sie einverstanden waren. Ich trug Jeans und ein Hemd, in der Tasche hatte ich einen Passierschein für Benguela und ein wenig Geld und in der Hand einen Fotoapparat. Die übrigen Sachen waren im Hotel geblieben, und es war nicht mehr genug Zeit und gab auch kein Auto, um in die Stadt zu fahren. Ohne lange zu überlegen, kletterte ich in die leere Maschine und drückte mich in eine Ecke, damit ihnen meine Anwesenheit nicht weiter auffiel, sonst hätten sie sich noch besinnen und mir befehlen können auszusteigen. Nach einer Viertelstunde starteten wir. Wir flogen zuerst über die Wüste, dann über grüne Hügel, über eine sanfte, bezaubernde Vorgebirgslandschaft, und dann über einen riesigen, bunten Blumengarten. Das war Lubango.

Auf dem Flughafen von Lubango saß, auf Bündeln und Koffern, eine Gruppe verschreckter, verschwitzter und apathischer Portugiesen mit ihren noch verschreckteren Frauen, die schlafende Kinder in den Armen hielten. Sie stürmten das Flugzeug, bevor noch die Motoren abgestellt waren. Ich sprach einen Mulatten an, der auf der Rollbahn stand, und bat ihn, mich zum Frontstab zu bringen. Er willigte ein, wollte nur zuerst das Flugzeug abfertigen, doch im selben Atemzug fragte er mich, wie ich von hier wieder wegkommen wollte, weil das die letzte Maschine war. Er meinte zwar, daß sich die Stadt noch in Händen der MPLA befand, aber sie war umzingelt, und die Straßen, die zur Stadt führten, wurden entweder schon jetzt vom Gegner kontrolliert, oder das konnte morgen passieren. Ich gab eine nichtssagende Antwort, so etwa: Wie es Gott gefällt.

Von nun an geschah alles wie in einem unverständlichen, unbegreiflichen Traum, in dem wir von unbekannten Personen und unsichtbaren Kräften immer wieder in ausweglose Situationen gebracht werden, aus denen wir jedesmal schweißgebadet, erschöpft und kraftlos erwachen. Im Frontstab (in einem Villenviertel auf einem Hügel) hieß mich ein junger, weißer Angolaner willkommen, der Politkommissar. Er hieß Nelson. Er begrüßte mich freudig, als wäre ich ein lang ersehnter Gast, und schickte mich gleich in den sicheren Tod. Nelson hatte ein unruhiges, aufbrausendes Naturell, verrückte Ideen und eine hektische, ungestüme Art. Es genügte, daß ich im ersten Satz sagte, ich wolle an die Front fahren: Sofort schrieb er mir einen Passierschein aus, und ehe ich mich noch besinnen konnte, drängte er mich in den Hof hinaus, wo ein Fahrer eben den Motor eines großen alten Mercedes-Lastwagens startete. Ich konnte Nelson gerade noch um einen Becher Wasser bitten, weil ich kurz vor dem Verdursten war. Der Lastwagen war bis zur Grenze des Ladevermögens bepackt mit Karabinern, Munitionskisten, Benzinfässern und Mehlsäcken. Oben auf der Ladung saßen sechs Soldaten. Nelson schubste mich ins Führerhaus, wo schon der Fahrer saß – ein Zivilist, halbnackt, schwarz, unglaublich mager. Wenig später setzte sich noch der Kommandant des Unternehmens – Diogenes – zu uns. Dann brachen wir auf.

Wir fuhren durch die Stadt – alle Städte Angolas sahen zu jener Zeit aus wie die geisterhaften, verfallenen Kulissen einer Filmstadt in der Umgebung Hollywoods, die von den Filmleuten schon wieder verlassen wurde –, dann hörte plötzlich das Grün auf, die Blumen verschwanden, und wir kamen in eine heiße, trockene Tropenlandschaft, ein Gebiet, das, so weit das Auge reichte, mit dichtem, dornigem, erbarmungslosem Buschwerk bewachsen war. Durch diesen Busch schnitt eine flache, graue Schlucht, auf deren Grund die Asphaltstraße lag. Über diese Straße fuhr unser Lastwagen. Der Mercedes war so alt und überladen, daß er trotz aller Künste des Fahrers nur eine Geschwindigkeit von sechzig Stundenkilometern erreichte.

Ich befand mich in einer schlimmen Lage, denn ich wußte nicht, wohin wir fuhren, wollte das aber nicht eingestehen. Diogenes könnte sich denken – was heißt, er weiß es nicht? Warum ist er dann dabei, warum fährt er mit? Er fährt mit und weiß nicht, wohin wir fahren? Aber ich hatte wirklich keine Ahnung. Ich war zufällig auf das Flugzeug in Benguela gestoßen und mit diesem nach Lubango gekommen. Der zufällige Mulatte, den ich am Flughafen getroffen hatte, brachte mich zum Frontstab. Ein Fremder, von dem ich nur wußte, daß er Nelson hieß, den ich zum ersten Mal in meinem Leben sah, setzte mich in den Lastwagen. Der Lastwagen fuhr sofort ab, und nun schaukelte er zwischen dem Dornbusch zu beiden Seiten dahin, einer unbekannten Bestimmung entgegen. Alles war plötzlich geschehen und so kategorisch, daß ich weder überlegen noch protestieren konnte.

So fuhren wir, der Dünne links von mir, an das Lenkrad gekrallt, unruhig, ich in der Mitte, Diogenes rechts, wachsam, die Maschinenpistole schußbereit aus dem Fenster gestreckt. Die Sonne stand im Zenit, die Fahrerkabine war aufgeheizt wie ein Martinsofen, es stank nach Benzin und Schweiß. Plötzlich fragte Diogenes, der immer noch in die Buschwand auf seiner Seite starrte:

Camarada, weißt du, wohin wir fahren?

Ich antwortete, daß ich das nicht wüßte.

Und ich weiß nicht, fuhr Diogenes fort, ohne mich anzublicken, ob du weißt, camarada, was es heißt, über diese Straße zu fahren, auf der wir uns befinden.

Wieder antwortete ich, daß ich es nicht wüßte.

Diogenes schwieg eine Weile, weil wir einen Hügel hinaufkrochen und der Motor ohrenbetäubend dröhnte. Dann sagte er:

Camarada, dieser Weg führt nach Südafrika. Vierhundertfünfzig Kilometer von hier ist die Grenze. Vierzig Kilometer vor der Grenze liegt das Städtchen Pereira d'Eça. Dort liegt unsere Einheit, dorthin fahren wir. In unseren Händen befinden sich die Städte Lubango und auch Pereira d'Eça. Doch das freie Land wird vom Feind kontrolliert. In diesem Busch, durch den wir fahren, hockt der Feind, und er kontrolliert auch diese Straße. Zu unserer Einheit in Pereira d'Eça ist seit einem Monat kein Konvoi mehr durchgekommen. Alle Wagen gerieten in Hinterhalte. Jetzt versuchen wir durchzukommen. Wir haben vierhundert Kilometer Weges vor uns, auf jedem Meter können wir in einen Hinterhalt geraten. Verstehst du, camarada?

Ich spürte, daß ich keinen Ton herausbrachte, und nickte daher nur zum Zeichen, daß ich verstanden hatte, was es bedeutete, über die Straße zu fahren, auf der wir uns befanden. Dann faßte ich mich so weit, daß ich die Frage hervorwürgen konnte, warum wir nur eine Handvoll waren. Wenn eine ganze Kompanie oder auch nur ein Zug sich aufmachte, wäre die Chance, heil durchzukommen, gewiß größer. Diogenes antwortete, daß es an dieser Front überhaupt zu wenig Leute gebe. Sie müssen aus Luanda und aus Benguela geholt werden. Das Land hier ist fast unbesiedelt. Es gibt ein paar Nomaden, aber das sind Wilde, die nackt herumlaufen. Sie haben vor vielen Jahren alle ihre Kriege verloren. Seither wissen sie, daß sie nichts zu gewinnen haben und ihre einzige Rettung darin liegt, sich im Busch zu verstecken. Mit einer Kopfbewegung deutete Diogenes auf die Buschwand, hinter der sich die nackten, verlorenen Menschen verbargen. Dann fragte ich, warum wir mit so einem klapprigen Lastwagen fuhren. Die Portugiesen hätten doch viele ordentliche Wagen zurückgelassen. Darauf entgegnete Diogenes, die Wagen, die die Portugiesen zurückließen, gehörten den Portugiesen. Es gebe kein Geld, um sie ihnen abzukaufen, im übrigen sei keiner da, mit dem man darüber verhandeln könnte, weil die Besitzer der Wagen längst in Europa säßen. Ob er nicht glaube, fragte ich, daß wir mit einem schnelleren Wagen leichter fliehen könnten, daß der nicht so leicht getroffen würde, während wir mit diesem alten Kübel geradewegs in den Tod fuhren. Diogenes stimmte zu, fragte jedoch, was da zu tun sei? Schweigen trat ein, und nur das Brummen des Motors und das Rauschen der Räder auf dem weichen Asphalt waren zu hören.

Die Zeit vergeht, trotzdem scheint es, daß wir am selben Ort verharren. Ständig das gleiche glänzende, ebene Asphaltband, das auf dem roten, sandigen Boden liegt. Auf beiden Seiten die immer gleichen ausgebleichten, rissigen Buschwände. Der gleiche weiße, blendende Himmel. Die gleiche Öde einer verlassenen Welt, die mit keiner Bewegung, keinem Laut ein Lebenszeichen von sich gibt. Durch diese reglose, tote, erbärmliche Szenerie rollt und schaukelt unser Lastwagen wie ein kleines Blechauto in einer Jahrmarktsschießbude. Der Besitzer dreht die kleine Kurbel, und das aus Blech gestanzte Spielzeug fährt schlingernd los. Jeder, der will, kann darauf schießen. Auf der Ladefläche des Lastwagens sitzen sechs Soldaten, versteckt hinter Munitionskisten und Mehlsäcken. Die Sonne brennt unbarmherzig herunter, daher haben sie sich mit einer Plane zugedeckt, als müßten sie sich gegen einen Wolkenbruch schützen. Ihre Lage ist insofern besser, als sie im Falle eines Hinterhalts rasch vom Wagen springen und in den Büschen verschwinden können. Schlimmer ist die Lage der Leute im Führerhaus. In die Metallschachtel gepfercht, sind sie wie drei bewegliche Schießscheiben, die langsam vorwärts gezogen und von der Sonne des sechzehnten Breitengrades wunderbar beleuchtet werden. Im öden Inneren der leeren Schießbude schaukelt das blecherne Auto dahin, doch der Besitzer sieht mit wachsendem Erstaunen, daß es keine Schießlustigen gibt. Dabei kann man für wenig Geld einen attraktiven Preis gewinnen. Er dreht noch einmal die Kurbel, aber immer langsamer und lustloser. Das Blechspielzeug bewegt sich langsam und immer langsamer, bis es endlich stehenbleibt.

Wir blieben am Rande der Straße stehen, vor uns, auf unserer Seite, lag das Wrack eines ausgebrannten Wagens. Die Reste eines Konvois, der bis zu diesem Ort gelangt war. Verstreute Kisten, Fässer, Säcke, Reifen. An einer Stelle verbrannte Erde, verkohlte Knochen. Offenbar haben sie ihre Opfer umgebracht und dann verbrannt, oder vielleicht haben sie sie auch gefesselt und bei lebendigem Leib verbrannt. Wir wissen nicht, wer überlebte, ob überhaupt einer überlebte. Diogenes meint, wenn jemand in den Busch floh, sei er nicht weit gekommen; er ist verdurstet, weil es hier nirgends Wasser gibt. Man kann nur überleben, wenn man auf der Straße fährt, obwohl man auf der Straße auch den Tod finden kann. Man muß auf der Straße bleiben, aber auf der Straße kann man natürlich in einen Hinterhalt geraten. Das stimmt, aber einen besseren Ausweg gibt es nicht, das heißt, es gibt überhaupt keinen guten Ausweg. Das sagt Diogenes, der meint, die Mannschaft des verbrannten Lastwagens hätte einen Fehler begangen, weil sie gewiß am Morgen, in der Dämmerung, oder vielleicht auch in der Nacht fuhr. Dann ist es kühl, und der Feind hat genug Kraft, um zur Straße zu marschieren und einen

Hinterhalt vorzubereiten. Zur Mittagszeit hingegen ist die Hitze erbarmungslos, und die Kämpfer werden von tödlicher Schläfrigkeit und Faulheit gepackt. Sie werfen sich in den Schatten und dösen vor sich hin. Der Kampfgeist ermattet, die Feindseligkeit läßt nach. Das muß man ausnützen und genau zur Mittagszeit fahren, das ist die sicherste Tageszeit. Ich erinnerte mich, daß Monti dasselbe gesagt hatte. Wenn die Sonne im Zenit steht, schläft die Front ein.

Wir fuhren bis zur Dämmerung, angespannt, konzentriert, in hilfloser Wachsamkeit. Wir passierten noch zwei verkohlte Lastwagen gescheiterter Konvois. Diogenes trieb den Fahrer zur Eile an, gestattete ihm keine Pause. Um fünf Uhr nachmittags sahen wir auf der Straße vor uns ein paar Bewaffnete. Sie standen da und richteten ihre Maschinenpistolen auf uns. Diogenes entsicherte seine Waffe, und die Soldaten hinten krochen aus ihrem Versteck und nahmen, gedeckt vom Führerhaus, die Leute auf der Straße ins Visier. Der Chauffeur verlangsamte die Fahrt, die Entfernung zwischen dem Lastwagen und den Leuten vor uns wurde geringer. Keiner feuerte einen Schuß ab. Als wir schließlich schon so nahe waren, daß man die Gestalten und sogar Gesichter erkennen konnte, hob einer auf der Straße den Karabiner und feuerte in die Luft. Nun zog Diogenes seine Pistole aus dem Halfter und schoß ebenfalls in die Luft. Der Mercedes blieb stehen, und die Leute rannten auf uns zu.

Die Einheit von Comandante Farrusco! rief einer.

Der Konvoi von Comandante Diogenes! antwortete Diogenes.

Wir waren in Pereira d'Eça angelangt. Sie baten uns um Zigaretten. Ich griff in die Tasche, und erst in diesem Moment, als die ganze Anspannung in mir zerriß, sich in lose, freie, ruhige Teilchen auflöste, spürte ich, daß meine Hose und mein Hemd schweißgetränkt waren. Auch ich selber war schweißüberströmt, und in der Hosentasche, in die ich eine Packung unserer extrastarken Zigaretten aus Radom gesteckt hatte, war nur mehr eine Handvoll feuchter, nach Nikotin stinkender Fussel.

Ein zerbrochenes Schild an der Stadteinfahrt lädt dazu ein, auszuruhen und sich die müden Augen zu reiben. In Pereira d'Eça (so schlägt die Tafel neben der Straße vor) steigst du am besten im *Schwarzen Schwan* ab: Klimaanlage – hervorragende Küche – Garten – Bar – attraktive Preise. Und daneben die plumpe Zeichnung des auf einem See schwimmenden Vogels, wie er in diesen geographischen Breiten nur im Traum vorkommen kann.

Dies alles als Anreiz für Weltenbummler, die ferne Kontinente und fremde Länder kennenlernen wollen. Hier finden sie an der öden und monotonen Strecke Windhoek – Luanda, 2230 km, eine komfortable Raststätte. Darf ich dem müden Wanderer noch einen persönlichen Rat mit auf den Weg geben? Mach jetzt, heute, in dieser Nacht in diesem Städtchen nicht halt. Die Zeiten haben sich geändert, und du wirst vergeblich die versprochenen Annehmlichkeiten suchen. Es gibt zwar Wasser, aber kein Licht. Es herrscht Finsternis. Der Mond ist nicht aufgegangen. Nur die Sterne sind zu sehen, aber auch diese fern, schwach, wenig hilfreich. Mit dem Übernachten gibt es Probleme, denn die Häuser sind zerstört und leer geplündert. Auch um die Küche ist es schlecht bestellt. Auf dem Betonboden der Wirtschaft liegt, in einer Lache eingetrockneten Blutes, eine tote, schon stinkende Ziege. Wer Hunger verspürt, schneidet sich mit dem Bajonett ein Stück Fleisch ab und brät es über dem Feuer. Wie leben diese Menschen, warum gehen sie nicht an einer Fleischvergiftung zugrunde? Auch mit der versprochenen Klimaanlage darf man nicht rechnen. Es ist heiß, und trotz der Nacht bleibt die Hitze am Boden liegen und drückt schwer und klebrig auf die reglose, plattgehämmerte Stadt.

Im Schein einer Petroleumlampe, der einzigen Lichtquelle, erkennt man schweißbedeckte Gesichter, die glänzen, als wären sie mit Öl eingerieben. Das breite, bärtige Gesicht von Comandante Farrusco. Das bleiche, von Pubertätspickeln übersäte Gesicht seines Stellvertreters Carlos, des Helden von Luso. Das frühzeitig gealterte, zerstörte Gesicht einer Frau namens Esperanza. Wir sitzen in der Wirtschaft auf Kisten und Sesseln, der Kommandant in einem Fauteuil. Vor dem Fenster schleichen Soldaten herum, ihre Gestalten verschmelzen mit dem Dunkel, schwarz, wie sich bewegende Finsternis. Warum gehen sie nicht auf ihre Posten? fragt Farrusco, doch gleich verstummt er wieder und gibt keinen Befehl. Die anderen schweigen, offenbar ist diese Frage bedeutungslos oder die Antwort längst bekannt. Offenbar würde die Tatsache, daß sie ihre Posten beziehen, nichts ändern oder retten.

Diese Einheit ist dem Untergang geweiht, es gibt kein Entrinnen für sie.

Bringt den Mann, der aus dem Süden kam, befiehlt Farrusco den Leuten, die bei der Tür stehen, oder besser, dort, wo einmal die Tür war, die auf die Holzveranda und den Platz führte. Hör dir an, was dieser Mann zu berichten hat, camarada, sagt Farrusco zu mir. Sie selber haben vermutlich schon am Nachmittag mit ihm gesprochen und kennen seine Geschichte. Ein total erschöpfter, zitternder Portugiese betritt den Raum. Er hat tiefliegende Augen, ist unrasiert und schmutzig und sieht aus wie die personifizierte Hilflosigkeit und Verlassenheit. Er heißt Humberto Dos Angos de Freitas Quental. Er stammt von hier, wurde hier geboren, vor rund fünfzig Jahren, denke ich. Vor einer Woche ist er mit seiner Familie nach Namibia geflohen. Seine Frau und die vier Kinder ließ er in einem Lager für portugiesische Flüchtlinge in Windhoek zurück und beschloß, allein zurückzukehren. Er wollte zurückkommen, weil seine Mutter in Pereira d'Eça geblieben ist. Seine Mutter ist einundachtzig Jahre alt und führt eine Bäckerei seit ungefähr so vielen Jahren, wie ihr Sohn Humberto, der jetzt vor uns steht, auf der Welt ist. Sie sagte zu ihrem Sohn, sie wolle nicht weg von hier, sondern weiter Brot backen, das würde immer gebraucht. Ihr wißt doch selber, sagt Humberto zu uns, daß ihr in Pereira d'Eça frisches Brot bekommt. Ja, das weiß die ganze Einheit, die das von dieser Frau gebackene Brot ißt und dafür nicht einmal bezahlt, weil sie alle Freiwillige sind, Freiheitskämpfer, die kein Geld besitzen. Als er wegfuhr, um die Familie nach Namibia zu bringen, war der Mehlvorrat zur Neige gegangen, und die Mutter, die taub ist und nicht begreift, daß Krieg ist, die auf Grund ihres hohen Alters nur mehr begreift, daß die Menschen, solange die Welt existiert, Brot brauchen werden, befahl ihrem Sohn, zurückzukehren und Mehl mitzubringen. Sie blieb allein hier, daher beschloß er, zurückzukehren und Mehl mitzubringen, das ihm dann an der Grenze abgenommen wurde, aber er weiß, daß heute ein Lastwagen aus Lubango ankam und Mehl brachte, das heißt, daß die Mutter Brot backen kann und ihr etwas zu essen haben werdet, für das ihr nichts bezahlen müßt, weil sie von euch kein Geld verlangt.

Wir alle lieben diese Frau, sagt Farrusco, obwohl sie nicht gerade auf unserer Seite steht, aber sie ist für das Leben und für das Brot, das genügt. Unsere Leute haben ihr Wasser gebracht, das sie brauchte. Und sie haben Holz geholt für sie. Und sie wird so lange leben, wie wir leben, vielleicht sogar länger. Aber ich möchte, daß du den Leuten, die aus Lubango gekommen sind, erzählst, was du in Windhoek gehört hast und was sie dir unterwegs in der Stadt erzählt haben, deren Namen ich wieder vergessen habe. Sie heißt Tsumeb, sagt der Sohn der Bäckerin, und liegt vielleicht zweihundertfünfzig Kilometer von hier. Die Portugiesen, die dorthin geflohen sind, sagen, bald würden südafrikanische Truppen in Angola einmarschieren und die MPLA auseinanderjagen. Sie sagen, diese Truppen würden vielleicht heute oder auch morgen kommen. Sie hätten Panzerwagen und Flugzeuge und würden Luanda einnehmen. Woher weißt du das, fragt Farrusco. Das sagen alle Portugiesen, antwortet Humberto, obwohl es ein Geheimnis ist. In Windhoek sind südafrikanische Offiziere in unsere Lager gekommen und haben gefragt, wer in der Armee gedient hat, und wer wollte, konnte sich zu diesen Truppen melden, die jetzt gegen Angola marschieren. Und in Tsumeb sagte mir ein Weißer bei der Tankstelle, in der Stadt stünden zahlreiche Panzerwagen, mit denen sie morgen oder übermorgen nach Angola kommen, um mit den Kommunisten Schluß zu machen.

Farrusco sagte zum Sohn der Bäckerin, er könne nach Hause gehen. Humberto machte den Eindruck eines ehrlichen Menschen. Aber er sah nicht besonders hell aus und wirkte wie ein Analphabet. Wir waren wieder allein. Es war immer noch heiß und stickig, obwohl es schon nach Mitternacht war. An der Wand schliefen ein paar auf dem Boden, andere kamen herein und gingen wieder hinaus, ohne erkennbares Ziel und ohne ein Wort zu sprechen. Schau nach, ob sie auf ihren Posten sind, sagte Farrusco zu Carlos. Schick ein paar auf die Straße in Richtung Grenze, die sollen nachsehen, ob sich etwas tut. Was hilft das, sagte Esperanza. Ihr Gesicht war jetzt noch dunkler als am Abend. Sag ihnen, daß sie wirklich gehen und nicht ängstlich in einem Graben hocken sollen. Wenn sie sich zu weit vorwagen, meinte Esperanza, kann es passieren, daß sie abgeschnitten werden oder in eine Falle geraten. Um uns herum steht der Feind. Gut, räumte Farrusco ein, aber ich will genau wissen, wo er steht. Aber sie werden das nicht herausfinden, weil sie umkommen, sagte Esperanza. Warum sollen wir den Gegner provozieren? Wir sind nicht stark genug, um uns zu verteidigen.

Die Einheit von Comandante Farrusco zählt hundertzwanzig Mann. Sie ist an der südlichen Front die einzige Truppe zwischen Lubango und der Grenze (450 km) und zwischen dem Atlantik und Sambia (1200 km). Die einzige Einheit in einem Gebiet so groß wie ein Drittel von Polen. Ringsum erstreckt sich über Dutzende, Hunderte Kilometer unwirtlicher Busch – ohne Wasser, ohne jeden Orientierungspunkt, die unbarmherzige Wildnis von Millionen dorniger, zu einer soliden Wand verflochtener Zweige, eine feindselige Welt, die nicht zu bezwingen, nicht zu durchdringen ist. Da ist nur der Weg nach Lubango, die einzige Straße durch den Busch, wie ein Korridor, gesäumt von Verhauen, auf der es keinen Rückzug gibt, weil die Strecke zu weit ist, um sie zu Fuß zu bewältigen, und es nicht genug Fahrzeuge gibt, um die ganze Truppe zu transportieren. Vielleicht hat der Feind um diese Stunde, es ist gleich zwei Uhr nachts, schon die Straße auf beiden Seiten der Stadt in seine Hände gebracht, und wir sitzen im Schatten eines stählernen Fangeisens und warten, bis jemand die Feder auslöst und es mit ohrenbetäubendem Schnappen zuschlägt.

Diogenes und noch einer von unserem Konvoi kamen herein, dann kehrte Carlos zurück. Der Kommandant fragte, ob die Leute sich aufgemacht hätten, was Carlos bejahte. Er setzte sich auf eine Kiste und legte den Gürtel ab, an dem ein ganzes Arsenal von Pistolen, Magazinen und Handgranaten baumelte. In der Kolonialzeit hatten Carlos und Farrusco bei den portugiesischen Fallschirmjägern gekämpft. Beide waren Bauernsöhne aus Südportugal. Nach Ableistung der Wehrpflicht blieben sie in Angola, wo sie als Automechaniker Arbeit fanden. Später erzählte mir Nelson, was dann geschah:

Als im Sommer dieses Jahres der Aufstand der MPLA gegen die FNLA und UNITA losbrach, wurde auch in Lubango gekämpft. Doch in den Reihen der Feinde kämpften viele Weiße, und in unserem Gebiet, hier im Süden, blieb der Ausgang des Aufstandes lange Zeit unentschieden. Eines Tages kam ein bulliger, bärtiger Mann zum Stab und sagte, ich zeige euch, wie man das macht, wie man kämpft. Das war Farrusco. Er organisierte eine Einheit und nahm Lubango ein, und dann Pereira d'Eça, wo er blieb. Sie hatten zu wenig Waffen. Die ganze Zeit hatten sie neben ihren Karabinern nur zwei Mörser vom Kaliber 82 mm. Die bedienten Farrusco und Carlos. Sie schossen, ohne eine Stütze zu verwenden, aus der Hand, und beide hatten von den heißen Rohren schlimm verbrannte Hände, die ganzen Handflächen voller Blasen und Wunden.

In dieser Nacht wachen alle in der Wirtschaft, doch es ist ein dumpfes, wehrloses, passives Wachen. Die einzigen, die schlafen, sind vielleicht die Burschen auf ihren Posten am Rande des Städtchens und in den Gräben, denn der junge Schlaf ist stärker als die Angst, als der Durst und sogar als die Moskitos. Keiner hat Lust, sich zu unterhalten, wir wissen auch gar nicht, was wir reden sollten. Alle warten auf das Morgengrauen, immer erschöpfter und müder. Nur das Summen der Moskitos ist zu hören. Schweiß strömt über die Gesichter, und die Münder sind bitter vom Nikotin, trokken und schal.

Farrusco – ich stieß ihn an, denn er war eingenickt –, ich möchte heute nach Lubango zurückfahren und mich von dort nach Luanda durchschlagen. Ich glaube, was der Portugiese heute erzählt hat, ist wichtig. Er machte den Eindruck, als sage er die Wahrheit. Sicher ist das wichtig, stimmte Farrusco zu, der Gegner beginnt mit der Invasion. Von hier nach Luanda, sagte ich, sind es eineinhalbtausend Kilometer. Ich weiß nicht, wann ich dort ankomme, denn es fliegt keine Maschine mehr. In Luanda kann ich Verbindung zu meinem Land aufnehmen, und ich glaube, daß das, was uns der Portugiese erzählte, eine Weltnachricht ist. Tu etwas, damit ich heute nach Lubango zurückfahren kann. Wir müssen bis zum Morgengrauen warten, sagte Farrusco, denn in der Nacht kann man auf dieser Straße nicht fahren. Die Lichter sind schon von weitem zu sehen, und man kann leicht in eine Falle geraten. Wir werden sehen, was beim Morgengrauen sein wird, wir werden sehen, ob sie uns angreifen. Von der Grenze bis Pereira d'Eça haben wir keinen einzigen Mann stehen. Sie könnten auch vom Staudamm in Ruacana kommen und uns den Weg nach Lubango abschneiden. Von hier gibt es keinen anderen Weg, nur diese Straße, die sie vielleicht schon in der Nacht besetzt haben, denn ihre Truppen standen in Ruacana, und von dort sind es nur drei Stunden Fahrt bis zu unserer Straße.

Die Nacht ging zu Ende, und ein roter Schimmer lag über dem Boden. Die Häuser tauchten auf und die Bäume, am Rande der Stadt stand die Buschmauer. Die Späher kehrten zurück und meldeten, sie hätten unterwegs keinen gesehen. Die Spannung ließ etwas nach. Farrusco ging die Posten kontrollieren. Ich folgte ihm. Bei den Einmündungen der Sandstraßen, die am Waldrand endeten, lagen Soldaten und spähten, ob sich zwischen den Bäumen etwas bewegte. Der Busch begann von dem prächtigen Konzert der Vögel zu tönen, ein lautes, tropisches Hosianna hob an. Dann ging die Sonne auf, ließ ihre Strahlenbündel wie Scheinwerfer kreisen, und alles verstummte. Stille trat ein.

Wir kehrten zur Wirtschaft zurück. Die Frau kochte Kaffee, es roch wie morgens auf einem Campingplatz an den Masurischen Seen. Erst jetzt sah ich an der Wand die Stabskarte. Ein Nagel in der Mitte – das war die Einheit in Pereira d'Eça. Rundherum gab es keine weiteren Nägel. Erst weiter oben ein Nagel in Lubango, ein Nagel in Moçâmedes und einer in Matala. Je höher, um so mehr Nägel. Eine diagonale, gezackte Linie, unsere Straße. Darunter eine Reihe von Kreuzen entlang dem Ufer des Cunene, die Grenze zu Namibia. Ein Pfeil nach oben zeigt an, in welcher Richtung Europa liegt. Ein Feld voller Kreise bezeichnet den Busch. Ein Feld mit Punkten – die Wüste. Ein blaues Feld – den Atlantik. PN heißt Nationalpark: Löwen, Elefanten, Antilopen, eine rote 5 – fünf Gefallene von uns. Eine schwarze 7 – sieben Gefallene der Gegenseite. Noch mehr rote und schwarze Ziffern in zwei Reihen nach unten, ohne Additionslinie, denn das Konto des Todes ist noch offen.

Jetzt nur die schwarze Linie hoch fahren, nach Lubango, und, gebe Gott, am Leben bleiben. Wir fuhren um zehn Uhr bei hoher Sonne ab, in der Hoffnung, die wütende Hitze würde den Feind aus dem Hinterhalt treiben und in einen Zustand hilfloser, träger Starre versetzen. Über den glühenden Platz schleppten sich Soldaten, betäubt von der Hitze, lustlos und ohne Energie. Andere saßen im Schatten, an Hausmauern, Zäune und Bäume gelehnt, unbeweglich wie Schlafkranke. Ich weiß nicht, was mit Diogenes geschehen war, denn er war mit der ganzen Mannschaft des Konvois verschwunden. Auch die Frau war nirgends zu sehen. Carlos stand auf der Veranda der Wirtschaft und winkte uns mit der Maschinenpistole zu. In der unbeweglichen Szenerie des Platzes erschien seine winkende Hand wie das einzige lebendige und zu einer Bewegung fähige Wesen.

Wir fuhren in einem Jeep der Marke Toyota, den ein sechzehnjähriger Soldat namens Antonio lenkte. Auf der Straße lag ein blendender Schein, ein See pulsierenden Lichtes, der sich vorwärts bewegte. Plötzlich tauchte aus diesem See, wie eine Vision, ein Auto auf. Es kam auf uns zu. Man weiß nie, wer einem entgegenkommt, deshalb entsicherte Farrusco, der rechts von mir saß, seine Ka-2 und nahm eine Granate vom Gürtel. Die Wagen blieben stehen. Aus dem Pick-up, der mit Bettzeug beladen war wie ein Zigeunerwagen, stieg ein verwahrloster, unrasierter Portugiese, der mit seiner ganzen Familie nach Südafrika floh. Er stand gebeugt und resigniert auf der Straße, wie vor einem Richter, der ihn im nächsten Moment zu lebenslanger Haft verurteilen würde. Er sagte, die Straße sei leer und keiner habe ihn angehalten. Doch das hatte nichts zu bedeuten, denn die Leute, die Hinterhalte legten, ließen Flüchtlinge für gewöhnlich unbehelligt passieren.

Unser Jeep war offen, und der Fahrtwind verschaffte einige Erleichterung. In diesem Jahr, brüllte mir Farrusco durch den Wind ins Ohr, wurde mir ein Sohn geboren. Er ist in Lubango, und ich möchte ihn gern sehen. Groß? fragte ich, so laut ich konnte, damit er mich verstand. Groß, lachte er, ein großer Junge. Wir passierten Roçadas und dann die leere Brücke über den Cunene. Mein Vater, überbrüllte der Kommandant den Wind, besaß kein Land, und wir waren acht, alle ohne Schuhe. Ich weiß nicht, ob du weißt, daß es bei uns Berge gibt und kalt ist. Ich schüttelte den Kopf zum Zeichen, daß ich das nicht wußte. Die Landschaft, durch die der Jeep rollte, war so eintönig, daß man meinen konnte, wir bewegten uns nicht von der Stelle. Als ich bei den Rangers diente, hörte ich seine Stimme durch den Wind, dachte ich, daß ich auf der falschen Seite stehe. Daher wechselte ich, fügte er nach einer Weile hinzu und begann zu husten, weil der Wind die Kehle ausdörrte, bei Kriegsausbruch auf die andere Seite.

Wir kamen zum schlimmsten Ort, nach Humbe. Hier mündet die Straße aus Ruacana ein, auf der die südafrikanischen Einheiten anmarschieren konnten. Farrusco befahl, den Wagen anzuhalten, und schlich am Busch entlang bis zur Kreuzung, um die Lage zu sondieren. Er bemerkte nichts Verdächtiges und sah keinen Menschen. Es genügt, sagte er, hier einen Panzerwagen zu postieren, um die ganze Straße zu sperren. Wir könnten nichts dagegen tun, weil wir keine panzerbrechenden Waffen besitzen.

In Europa, sagte er, habe ich gelernt, daß eine Front aus Gräben und Verhauen besteht, die eine sichtbare, bekannte Linie bilden. Die Front verläuft entlang einem Fluß, einer Straße oder von Dorf zu Dorf. Das kann man mit Bleistift auf der Karte eintragen und mit dem Finger im Gelände zeigen. Hier jedoch ist die Front überall und nirgends. Dieses Land ist zu groß, und es gibt zu wenig Menschen, als daß es eine Frontlinie geben könnte. Das ist eine wilde und ungeordnete Welt, mit der sich schwer leben läßt. Es gibt kein Wasser, ringsum ist überall Wüste. Man kann sich in Gegenden, wo es keine Quellen gibt, nicht lange aufhalten, und von einer Quelle zur nächsten ist es weit. Hier, wo wir jetzt stehen, gibt es Wasser, aber die nächste Wasserstelle ist hundert Kilometer entfernt. Jede Einheit versucht, ihre Wasserstelle zu halten, sonst kommt sie um. Wenn zwischen einer Quelle und der nächsten hundert Kilometer liegen, dann ist dieses Gebiet Niemandsland, in dem sich keiner aufhält. Unsere Front stellt daher keine Linie dar, sondern sie besteht aus Punkten, die obendrein noch in Bewegung sind. Es gibt Hunderte von Fronten, denn es gibt Hunderte Truppenverbände. Jeder Truppenverband ist eine Front, eine potentielle Front. Wenn unsere Einheit auf eine Einheit des Gegners stößt, dann wird aus zwei potentiellen Fronten eine reale Front: Es kommt zum Kampf. Jetzt sind wir eine dreiköpfige potentielle Front, die sich nach Norden bewegt. Wenn wir in einen Hinterhalt geraten, werden wir zu einer realen Front. Das ist ein Krieg der Hinterhalte. Auf jeder Straße, in jedem Ort kann eine Front entstehen. Man kann durch das ganze Land fahren und mit heiler Haut davonkommen, und man kann auf dem nächsten Meter sein Leben verlieren. Es gibt kein Prinzip, keine Methode. Alles hängt von Glück und Zufall ab. Dieser Krieg ist ein einziges, riesiges Chaos. Keiner kennt genau die Lage.

Zu Mittag jagten wir weiter, gepeitscht vom glühenden Wind. Der Busch flog vorbei und verschwand hinter uns. Wir passierten Cahama und Chibemba, die Häuser an der Straße waren niedergebrannt. Wenn du nach Luanda kommst, versuchte Farrusco den Wind zu übertönen, sag ihnen, daß sie Leute und Waffen schicken sollen. Sag, daß wir, wenn der Feind aus Namibia kommt, dieses Gebiet nicht halten können. Lange fuhren wir schweigend dahin. Dann hörte ich wieder seine Stimme. Ich glaube, daß sie mich töten werden, überschrie er den Wind. Ich glaube, sie sehen, daß da ein weißer Kommandant gefahren kommt, und sie werden mich töten. Es ist sehr schwierig, brüllte er mir ins Ohr, sehr schwierig, heil einem Hinterhalt zu entkommen, denn es ist immer zu spät, schrie er, du fährst ihnen direkt vor die Mündung, aber weißt du, schrie er, ich habe keine Angst, hörst du, ich verspüre keine Furcht.

Ich hörte Dröhnen, Krachen, Poltern, Stimmen – Fahren wir! Fahren wir!, das war die Stimme des unruhigen Geistes, des Kommissars Nelson. Ich schreckte hoch, ringsum war es finster, zum Glück schlief ich in Kleidern und Schuhen, daher konnte ich gleich hinter ihm herlaufen, wir stolperten die Treppe hinunter, ich hatte Kopfschmerzen. Erst im Wagen kam ich richtig zu mir. Es war ein neuer, grauer Peugeot 504. Nelson saß am Lenkrad. Neben ihm saß Comandante Bota vom Frontstab, betrunken. Zwischen den Knien hielt er eine Whiskyflasche. Hinten saßen der Freund und Assistent Nelsons, Manuel, und ich. Manuel hatte eine Uzi-Maschinenpistole, ein israelisches Fabrikat, das für den Kampf auf kurze Distanz sehr handlich ist, aber für einen Hinterhalt wenig geeignet, in einem solchen kämpft man besser mit einer sowjetischen Ka-2 oder einem belgischen G-3, die eine größere Reichweite besitzen. Ich blickte auf die Uhr, es war zwei Uhr nachts. Lubango liegt hoch über dem Meeresspiegel, und die Nächte hier sind eisig kalt wie in Skandinavien. Ich zitterte vor Kälte und Müdigkeit. Wohin fahren wir? fragte ich Manuel. Nach Benguela. Ich war zufrieden und wollte wieder einschlummern, als Manuel sagte, daß vor uns gekämpft würde. Sofort war ich hellwach. Die Schwadron Chipendas greift an, sagte Manuel, vor uns steht nur unsere Einheit, die von Comandante Antonio geführt wird, aber der ist nach Benguela gefahren, um Waffen zu besorgen. Warum fahren wir auf dieser Straße, auf der gekämpft wird? fragte ich Manuel. Weil es keine andere Straße von Lubango nach Benguela gibt, antwortete er. Ja, richtig, sagte ich. Bota trank aus der Flasche und reichte sie nach hinten, also nahmen auch wir jeder einen Schluck. Gleich ging es besser. Wir preschten etwa eine halbe Stunde mit höchster Geschwindigkeit durch hügeliges Gelände, auf beiden Seiten der Straße grüner Wald, wir näherten uns bereits der Kreuzung in Cacula, als wir zuerst links und dann rechts neben der Straße Schießen hörten, das langgezogene Hämmern von Maschinengewehren und die Explosionen von Granaten. Nelson löschte alle Lichter und verlangsamte die Fahrt, denn die Nacht war stockdunkel und die Sicht schlecht, er fuhr blind weiter, indem er mit den Reifen den weichen Randstreifen ertastete. Nicht so schnell, sagte Bota, der langsam nüchtern wurde. Vielleicht sollten wir besser schnell fahren, meinte Manuel zaghaft. Wir fuhren eine ganze Ewigkeit so dahin. Jesus, dachte ich, Jesus, eine Granate explodierte im Graben neben uns, das Blech dröhnte, als habe jemand mit einem Stock aufs Dach geschlagen. Alles in Ordnung? fragte nach einer Weile Bota. Ja, alles in Ordnung; im letzten Moment sah Nelson einen Lastwagen, der vor uns stand, er wollte ausweichen, als aus dem Graben ein Mulatte auf uns zusprang und rief, Nelson, ich habe hier zwanzig Leute, aber ich kann sie nicht nach vorn bringen, um Chipenda aufzuhalten, denn mir ist das Benzin ausgegangen, wo kann ich Benzin herkriegen? Er zitterte am ganzen Leib, es war sehr kalt.

Woher soll ich Benzin für dich nehmen, sagte Nelson, schick jemanden nach Lubango. Wie soll ich jemanden schicken, wenn wir nicht fahren können, eine Serie von Leuchtspurgeschossen flog über unsere Köpfe, dann eine zweite, dritte; Nelson, sagte der, der auf der Straße stand und die Wagentür hielt, als wollte er uns nicht fortlassen, ich sage dir, es steht schlecht um uns, sie drehen uns den Hals um wie Hühnern, und gleich explodierte wieder ganz in der Nähe eine Granate, und dann ein paar auf einmal. Fahr weiter, sagte Bota aus der Tiefe seiner trunkenen Benommenheit, und Nelson fuhr an, und der Mulatte verschwand so plötzlich, als habe ihn eine Kugel getroffen. Warum fahren wir durch dieses schreckliche Feuer, statt im Graben abzuwarten, doch sie dachten vielleicht, die anderen würden uns fangen wie streunende Hunde und es sei besser, zu versuchen, aus der Falle zu entkommen, jedenfalls bogen wir ab nach Quilengues, auf beiden Seiten Erdwände, offenbar fuhren wir durch einen Graben oder eine Schlucht, plötzlich Getrampel, zwei Burschen mit Karabinern kamen auf uns zugerannt, halt sie auf, sagte Bota, und Nelson rief sie an, stehenbleiben, sie blieben stehen, sie waren fast noch Kinder, abgerissen, halb tot vor Angst, ich sah ihre Karabiner, sie hatten alte Mauser, woher kommt ihr, fragte Bota, von der Einheit Comandante Antonios, aha, sagte Bota, ihr haut also ab, was, sie standen demütig und erschrocken da, als hätte der Lehrer sie beim Abschreiben erwischt, auf der Stelle macht ihr kehrt und kämpft, befahl Bota, ich werde gleich dort sein und mich überzeugen, daß ihr auch kämpft, ich habe mir eure Gesichter genau eingeprägt. Die vor Angst grauen Gesichter der Jungen zogen sich in die Dunkelheit zurück, dann verschwanden sie, fahren wir weiter, sagte Bota, jetzt kommt das Schlimmste, denn jetzt kommen wir nach Quilengues, und dort sind angeblich Söldner.

Es wird hell, langsam verstummt das Schießen, wir lassen es hinter uns. Der Himmel ähnelt zuerst einer Wiese, dann sieht er aus wie das Meer und schließlich wie eine schneebedeckte Ebene. Bleib stehen, sagt Bota, und Nelson hält den Peugeot in einer verdeckten Kurve an. Wir gehen zu Fuß, um zu schauen, was in Quilengues passiert. Der Morgen ist grau und kühl, die Sonne zeigt sich nicht. Wir schleichen gedeckt vorwärts, weil man nicht wissen kann, wer sich in diesen Häusern versteckt, wer hinter dieser Straßenecke lauert und hinter der nächsten. Wir gingen lange, um uns zu überzeugen, daß das Städtchen tot war, ohne Anzeichen jeglichen Lebens. Ich weiß nicht, was hier vor unserer Ankunft geschah. Denn es gab nicht nur keine Menschen. Es gab auch sonst kein lebendes Wesen. Keine Hunde und Katzen. Keine Ziegen und Hühner. Keine Vögel in den Bäumen. Vermutlich nicht einmal eine Maus in irgendeinem Loch.

Beruhigt kehrten wir zum Auto zurück, als Nelson plötzlich stehenblieb, die Schultern streckte und sagte: Wieder ein Tag Leben!, denn nun war die Straße nach Benguela frei, und er begann mit Gymnastik, wir alle folgten seinem Beispiel, Bota schwankend, immer wieder stolpernd, nach links und rechts taumelnd, wir jedoch energisch. Bitte die Arme in die Hüften stützen, dann auf den Zehen stehen und Kniebeugen machen, und eins, und zwei, den Rücken gerade, den Kopf nach oben, tiefere Kniebeugen, noch tiefer, und jetzt werfen wir die Arme vor und zurück, kräftiger, kräftiger zurück, und einatmen, und ausatmen, einatmen und ausatmen, die Arme gerade, die Hände nicht sinken lassen, und jetzt neigen wir den Körper vor und auf die Seite, dreimal, und eins, und zwei, und drei, und jetzt in die Hocke, und jetzt die Arme kreisen lassen, und dann ging die Sonne auf.

Depeschen

Als ich Samstag morgen nach Luanda zurückkehrte, war es noch finster. Wir waren nachts von Benguela mit einem Tankwagen losgefahren, der in die Hauptstadt geschickt wurde, um dort Benzin aufzutreiben. Die Südfront war durch den Benzinmangel völlig lahmgelegt. Unterwegs kamen wir an verschlafenen, halb bewußtlosen Posten vorbei, eingewickelt in Plachen, Kotzen, Capes und Säcke, denn es nieselte unfreundlich. Wie gewöhnlich begannen sie untereinander zu diskutieren, ob sie uns durchlassen sollten oder nicht, sie wollten von uns etwas zu essen und zu rauchen bekommen, doch wir hatten selber nichts, also winkten sie resigniert mit der Hand und legten sich wieder hin. Nachts kann man Luanda ohne einen einzigen Schuß überrollen und einnehmen. In den afrikanischen Vorstädten hatten die Frauen vor den Häusern Feuer entzündet und gingen daran, Maniok zu stampfen. Das Stampfen des Manioks zu einem harten, bröseligen, weißen Teig nimmt das halbe Leben der afrikanischen Frauen in Anspruch, die andere Hälfte ist für Schwangerschaften und die Geburt von Kindern bestimmt. An einigen Plätzen standen bereits Schlangen vor den Brunnen. An anderen – um Brot. Die Menschen in den Schlangen dösten an die Wand gelehnt vor sich hin oder schliefen, in Leintücher gewickelt, auf dem Boden. An den Wänden klebten Plakate DAS VATERLAND BRAUCHT DICH, ein riesiger, schwarzer Finger, der auf die Augen der Passanten zeigte, die um diese Stunde blutunterlaufen vor Schlaftrunkenheit waren. In der europäischen Innenstadt regte sich nichts. Staub und Spinnweben bedeckten Häuser und Straßen.

Im Hotel ging ich auf mein Zimmer Nummer 47, jagte eine Schar Schaben vom Bett und legte mich schlafen. Ich träume nie etwas, doch diesmal fand ich mich plötzlich in einem Wäldchen bei Warschau, hinter einem Gebüsch kamen Rowdys mit Messern hervor und näherten sich mit schleichenden Schritten. Ich öffnete die

Augen, über mich gebeugt standen Dona Cartagina und der hagere, ausgemergelte Oscar (der neue Besitzer des Hotels) sowie der Portier Fernando mit einem Plastikmedaillon mit dem Bild Agostinho Netos um den Hals. Sie freuten sich über meine Rückkehr und fragten mich, völlig sinnlos, ob ich noch am Leben sei, so hartnäckig und eindringlich, daß ich schließlich nicht mehr wußte, ob ich schon wach oder ob das die Fortsetzung meines Traumes war, in dem sich plötzlich Dona Cartagina, Oscar und Fernando mit Messern in einem Wäldchen bei Warschau herumtrieben. Ich weiß nicht, was weiter geschah (vermutlich schlief ich wieder ein), denn als ich aufstand, war das Zimmer leer. Ich ging über den Gang – auch der war leer. Alle Zimmer standen offen und waren leer. Die Luft war stickig und feucht, die Ventilatoren funktionierten nicht, ich drehte an den Wasserhähnen. Sie gurgelten lautstark, dann waren sie still: Es gab kein Wasser. Ich lief die Stiege hinunter, zur Rezeption, wo Felix döste, die Ellbogen auf Stöße unnützen Papiers und Packen wertloser Banknoten gestützt, das Gesicht ausdruckslos in die Hände vergraben. Felix, rüttelte ich ihn, gib mir etwas zu trinken. Seit drei Tagen gibt es kein Wasser mehr, sagte er. Die letzten Brunnen trocknen aus. Wenn es weiterhin nichts zu trinken gibt, muß sich die Stadt ergeben. Ich drehte mich um und ging in die Küche, doch als ich die Tür öffnete, schlug mir ein schrecklicher Geruch entgegen, der mir die Knie weich werden ließ, so daß ich keinen Schritt tun konnte. Der üble Geruch stammte von einem Berg schmutziger Teller und Töpfe, vor allem aber von einem stinkenden Schwein, das der schwarze Koch mit einem Hackmesser zerteilte. Camarada, sagte ich, an den Tisch gelehnt, um nicht umzufallen, gib mir zu trinken. Er legte das Hackmesser weg und schöpfte einen Becher Wasser aus einem blechernen Kanister. Ich spürte in meinem Inneren Weichheit und Kühle und fühlte das Leben zurückkehren. Mehr, sagte ich. Trink, soviel du willst, bis du dich wohl fühlst, camarada, sagte er.

Ich sperrte mich in mein Zimmer ein und begann zu telefonieren. Das Telefon funktionierte. Der Begriff der Totalität existiert in der Theorie, aber nie im wirklichen Leben. Sogar in der dichtesten Mauer findet sich ein Riß (oder zumindest hoffen wir, einen zu finden, und das bedeutet schon etwas). Selbst wenn es scheint, daß nichts mehr funktioniert, funktioniert doch noch etwas, und das ermöglicht ein Mindestmaß an Existenz. Auch wenn uns ein Ozean des Bösen umgibt, ragen aus ihm grüne, fruchtbare Inseln. Sie sind zu sehen, am Horizont. Selbst wenn wir uns in einer ausweglosen Lage befinden, setzt sich diese aus Primfaktoren zusammen, und unter diesen gibt es welche, die man wie die Zweige eines am Ufer wachsenden Strauches ergreifen kann, um gegen die Wirbel anzukämpfen, die uns in die Tiefe reißen wollen. Dieser Spalt, diese Insel, dieser Zweig halten uns an der Oberfläche des Lebens.

Und in unserer eingeschlossenen Stadt, in der dreitausend Dinge nicht mehr funktionierten und in der es schien, daß alles zerstört war, funktionierte das Telefon. Aus dem Süden, von der Grenze zu Namibia, hatte ich die Nachricht gebracht, daß heute, vielleicht morgen, gepanzerte Kolonnen gegen Angola vorstoßen würden. Der Sohn der Bäckerin hatte gesagt, daß die südafrikanischen Truppen schon kampfbereit in Tsumeb ständen. Sie brauchen drei Stunden, um zur Grenze zu gelangen, drei Tage, um nach Benguela zu kommen, vielleicht drei Wochen bis Luanda. In Luanda weiß keiner davon, denn die Hauptstadt ist abgeschnitten vom übrigen Land. Ich wollte melden, was der Sohn der Bäckerin gesagt hatte, was Farrusco gesagt hatte. Daß die Invasion beginnt und die Südfront sich nicht halten kann. Ich begann zu telefonieren, doch alle Nummern blieben stumm. Ich versuchte es wieder und wieder. Immer das Signal, nirgends hob einer den Hörer ab. Ich schaute auf den Kalender, denn ich hatte kein Zeitgefühl mehr, das heißt, die Zeit hatte für mich jede Teilbarkeit, jede Meßbarkeit verloren, war zerfallen, kroch dahin wie wattiger, tropischer Dunst. Die konkrete Zeit bedeutete nichts mehr, es war für mich längst völlig belanglos, ob es Mittwoch war oder Freitag, der Zehnte oder der Zwanzigste, acht Uhr morgens oder zwei Uhr nachmittags. Das Leben verlief für mich von Ereignis zu Ereignis, unbestimmt strebte es einem unbekannten Ziel zu. Ich wußte nur, daß ich hier bis zum Ende ausharren wollte, unabhängig davon, wann dieses eintrat und wie es sein würde. Alles war ein totales Rätsel, das mich faszinierte und anzog.

Mit Hilfe des Kalenders errechnete ich, daß es der 18. Oktober 1975 war. Und, wie schon erwähnt, Samstag. Das erklärte das Schweigen der Telefone. Denn samstags und sonntags erstarb alles Leben. Diese beiden Tage wurden von eigenen, unabänderlichen

Gesetzen regiert. Die Kanonen schwiegen, und der Krieg machte Pause. Die Menschen legten die Waffen hin und fielen in Schlaf. Die Wachen verließen ihre Posten, die Beobachter steckten die Ferngläser weg. Straßen und Chausseen leerten sich. Stäbe und Ämter wurden gesperrt. Die Marktplätze wurden menschenleer. Radiostationen schalteten ab. Der öffentliche Verkehr wurde eingestellt. Auf unerklärliche Weise blieb dieses riesige Land mit seinem Krieg und seinen Zerstörungen, mit seiner Aggression und seiner Armut plötzlich stehen, erstarrte wie verzaubert, wie verhext. Nicht die gewaltigste Explosion, kein Ereignis des Himmels, kein menschliches Rufen wäre imstande gewesen, es aus seiner samstäglich-sonntäglichen Lethargie zu reißen. Vor allem konnte ich nie herausfinden, wohin die Menschen verschwanden. Die engsten Freunde tauchten unter wie Steine im Wasser. Sie waren weder zu Hause anzutreffen noch auf der Straße. Sie konnten auch nicht die Stadt verlassen haben. Klubs, Restaurants, Kaffeehäuser – das alles existierte nicht. Ich weiß es nicht. Ich kann es nicht erklären.

Diese samstäglich-sonntägliche Entspannung respektierten alle kämpfenden Seiten, die verbissensten Feinde anerkannten das Recht des Gegners auf eine zweitägige Pause. In dieser Frage gab es keine Unterschiede, die Wochenendfaulheit ergriff und vereinte alle. Diese Menschen waren so gebaut, daß ihre Lebensenergie von Montag bis Freitag reichte, dann fielen sie zu Mitternacht in einen Zustand des Nirwana, der Existenzlosigkeit, sie erstarrten in den Positionen, die sie zu Mitternacht eingenommen hatten. Es herrschte eine apathische Stille, die auf alles wie ein Schlafmittel wirkte. Es schien, daß sogar die Natur einschlief. Der Wind hielt inne, die Palmen standen still, die Tiere verschwanden vom Erdboden.

Am Abend kam Oscar und brachte mir einen Zettel mit einer Telefonnummer, die ich, wie er sagte, anrufen sollte. Wessen Nummer das sei, fragte ich. Er wußte es nicht. Sie hatten im Hotel angerufen und gesagt, er solle mir die Nummer geben, wenn ich nach Luanda zurückkäme. Oscar ging, und ich blieb allein im Zimmer. Ich wählte die Nummer, die auf dem Zettel stand. Am anderen Ende der Leitung meldete sich eine tiefe männliche Stimme. Ich sagte, man habe mir im Hotel diese Nummer gegeben, ich solle dort anrufen. Ob ich so und so heiße? fragte die tiefe Stimme. Natürlich, antwortete ich. Diesen Teil des Gesprächs hatten wir portugiesisch geführt, nun wechselte mein Gesprächspartner ins Spanische, und seine Art zu sprechen und sein Akzent verrieten mir, daß ich es mit einem Kubaner zu tun hatte. Wer längere Zeit in Lateinamerika verbracht hat und Spanisch kann, erkennt sofort die kubanische Aussprache: Sie besitzt einen besonderen Klang und ist eine achtlose Aneinanderreihung von Worten, deren Endungen für gewöhnlich verschluckt werden. Ich fragte ihn, wer er sei und was er hier mache, im Glauben, er sei Reporter der *Prensa Latina* oder so etwas ähnliches. Er sagte, Mensch, frag nicht soviel, wer zuviel fragt, bekommt zu viele Antworten. Ich verstummte, weil ich nicht wußte, was das bedeuten sollte. Wir sehen uns in deinem Zimmer, sagte er, wir sind in einer Stunde dort. Und legte den Hörer auf.

Sie kamen zu zweit, in Zivil, einer war schwarz, schwer gebaut, wuchtig, der andere weiß, stämmig und klein. Sie setzten sich, der Schwarze holte kubanische Zigaretten hervor, die ich gerne rauche – Populares. Sie fragten, ob ich in Kuba gewesen sei. Ja, einmal. Und wo? Ich war überall, in Oriente, in Camagüey, in Matanzas. Der Schwarze kam aus Oriente. Dort ist es schön, nicht wahr? lächelte er. Wunderschön, sagte ich, sie haben mich auf einen schönen Berg geführt mit einer herrlichen Aussicht. Und jetzt warst du im Süden? fragte der Weiße. Ja, im Süden. Und wie ist es im Süden? Wie es dort ist? Sagt mir zuerst, wer ihr seid. Der Weiße sagte, wir gehören zur Armee. Zu einer Gruppe Instruktoren.

Das war neu für mich, denn ich wußte nicht, daß es in Angola Instruktoren aus Kuba gab. Das heißt, in Benguela hatte ich ein paar Leute in kubanischen Uniformen gesehen, doch die Hiesigen tragen alle möglichen Uniformen, die sie aus dem Ausland bekommen oder an der Front erbeuten, ich hatte daher gedacht, es handle sich um Soldaten der MPLA. Nun fragte ich, ob diejenigen, die ich in Benguela gesehen hatte, zu ihren Leuten gehörten. Ja, sagte der Schwarze, zu uns, etwa ein Dutzend von uns ist dorthin gefahren. Ich sagte, sie seien wohl zu spät gefahren, denn nach meinen Informationen könnte die südafrikanische Armee schon im Inneren Angolas stehen. Und was kann ein Dutzend Leute schon ausrichten? Die anderen haben viele Panzerwagen und jede Menge Artillerie.

Und sie sind Afrikaner, die zu kämpfen verstehen. Die MPLA aber hat keine Waffen. Und ich sagte, daß die Einheit Farruscos nur zwei Mörser besitzt und ein paar veraltete Karabiner. Auch in Lubango haben sie keine schweren Waffen. Den einzigen Panzerwagen, den sie in Benguela hatten, haben Söldner zerstört. Wer kann sich gepanzerten Kolonnen entgegenstellen, die aus Namibia eindringen oder vielleicht schon eingedrungen sind? Im übrigen wird das Geschick dieses Krieges von der Vergangenheit bestimmt. In diesem Land hat der schwarze Mann fünfhundert Jahre lang alle Kriege gegen die Weißen verloren. Man kann das Denken der Menschen nicht von einem Tag auf den anderen ändern. Ein Soldat der MPLA kann einen Soldaten der FNLA oder der UNITA besiegen, aber er wird die weiße Armee fürchten, die vom Süden her anrückt.

Sie stimmten zu, daß die Situation schwierig sei. Wir schwiegen. Im Zimmer war es dunkel vom Rauch und stickig. Wir saßen schweißüberströmt da. Durst quälte uns. Ich kämpfte mit meiner Phantasie, denn ständig gaukelte sie mir Bierflaschen, eisgekühlten Saft oder andere Verrücktheiten vor. Ich fragte sie, ob größere Hilfe käme. Sie wußten es nicht. Vielleicht kommt sie, aber wann und wie – kann keiner sagen. Sie sind gerade erst angekommen und sollen die hiesige Armee ausbilden, aber eine Armee in unserem Sinn existiert überhaupt nicht. Es gibt lose Einheiten, verstreut über das ganze Land. Wird die Zeit reichen, um aus ihnen eine Armee zu formen? Der Gegner steht zwanzig Kilometer vor Luanda. Mobutu schickt immer neue Bataillone. Morgen können sie hier einmarschieren.

Ich führte sie hinunter. Sie sagten, wir sollten uns nächstes Mal bei ihnen treffen, denn es sei ihnen nicht recht, ins Hotel zu kommen, wo sich verschiedene Typen herumtrieben. Sie würden mir einen Wagen schicken, wenn es soweit sei. Ich fragte, wie ich sie nennen sollte. Den Schwarzen sollte ich Mauricio nennen. Den Weißen Pablo. Aber wenn ich anriefe, sollte ich am besten gar keine Namen nennen, nur auf spanisch sagen, ein Freund wolle sich mit ihnen treffen. Das übrige würden sie organisieren. In einer Nebengasse stand ein Jeep mit Vorhängen, neu, ohne jedes Kennzeichen. Die Hand eines Menschen, der drinnen saß, öffnete die Tür. Sie stiegen ein, und der Jeep fuhr sofort an.

Dort aber, im Stabsquartier in Pretoria und später in Windhoek und schließlich (ein Detail am Rande) im Fronthauptquartier in Tsumeb, wurde alles genau und präzise geplant. An den Wänden Karten, Afrika in Miniatur, aber dennoch riesig, von der Decke bis zum Boden und von der Tür durch das ganze Zimmer des Kommandanten, die unbesiedelten Gebiete sandbraun gekennzeichnet. Die Stabsoffiziere an langen Tischen, höhere Ränge, erstklassige Experten.

Der Name der Operation: Orange.

Ziel der Operation: Luanda bis zum 10. November 1975 einzunehmen (an diesem Tag sollten, laut dem Abkommen von Alvor, die letzten portugiesischen Einheiten Angola geräumt haben). Am nächsten Tag wird die Unabhängigkeit Angolas ausgerufen, wo eine Koalitionsregierung von FNLA und UNITA die Macht übernimmt.

Koordination: ein Vorstoß aus südlicher Richtung auf der Straße von Tsumeb nach Pereira d'Eça, Lubango, Benguela, Novo Redondo, Luanda. Gleichzeitig ein Vorstoß aus nördlicher Richtung auf der Straße von Maquela do Zombo, Carmona, Caxito nach Luanda. Parallel dazu Vordringen aus dem Osten auf der Straße von Nova Lisboa, Quibala, Dondo nach Luanda.

Die Kräfte: an der Südflanke – motorisierte Einheiten der Armee der Republik Südafrika (Unterstützung – Einheiten portugiesischer Freiwilliger, Einheiten von FNLA-UNITA, die Schwadron Chipenda). Nordflanke – Einheiten der FNLA (unterstützt durch Einheiten der Republik Zaire, Einheiten portugiesischer Freiwilliger). Ostflanke – dasselbe wie Südflanke.

Die Stunde Null:

(Hier beginnt eine Diskussion in einem Gemisch von Englisch, Afrikaans und Portugiesisch. Zwei Meinungen prallen aufeinander. Die einen meinen, man müsse schon früher losschlagen, denn der Feind könnte Widerstand leisten und es würde Zeit brauchen, diesen Widerstand zu brechen, das aber könnte die Einnahme von Luanda verzögern. Je weiter man außerdem nach Angola vordringt, um so länger werden die Versorgungslinien der Truppen für Munition, Treibstoff und Essen, deshalb muß man zusätzliche Zeit einkalkulieren. Sie schlagen als Stunde Null Montag, den 20. Oktober, vor. Andere meinen, die Operation werde nicht mehr als zwei

Wochen in Anspruch nehmen. Im Norden stehen wir schon in den Vorstädten Luandas. Alle Informationen deuten darauf hin, daß der Gegner im Süden nicht imstande sein wird, Widerstand zu leisten. Wir werden mit schnellen Panzerwagen vom Typ Panhard vorstoßen. Es genügt, die Fahrzeit für diese Wagen von Tsumeb bis nach Luanda zu berechnen und dann die Zeit für Mahlzeiten und den Schlaf der Einheiten zu addieren. Sie meinen, es müßte genügen, die Stunde Null auf den 27. Oktober festzusetzen. Schließlich behalten die Vertreter der ersten, vorsichtigeren Meinung die Oberhand. Selbst wenn alles drei Wochen dauern sollte, wird es ein Blitzkrieg sein, der die Welt in Erstaunen versetzt.)

Die Stunde Null: Sonntag, 19. Oktober.

Am Sonntag versinkt das ganze Land, wie ich schon sagte, in einem Zustand der Nichtexistenz, gibt kein Lebenszeichen von sich. An diesem Tag allerdings sucht Comandante Farrusco, von einer unbegreiflichen Vorahnung getrieben, seit dem Morgen seinen Fahrer Antonio, und schließlich taucht Antonio von selber auf, verschlafen und vor Müdigkeit halb ohnmächtig, doch Farrusco befiehlt ihm, sich ans Lenkrad zu setzen. Und mit demselben roten Jeep, mit dem ich aus Pereira d'Eça zurückkehrte, fahren sie nun über die Straße durch den Busch. Nach einiger Zeit sehen sie in den Flammen der Sonne etwas, was man für eine Vision halten könnte, die sich jedoch bald materialisiert und die Gestalt einer langgezogenen Kolonne von Panzerwagen annimmt, über der, fast bewegungslos, ein bauchiger Helikopter schwebt. Im nächsten Moment ertönt das nervöse Knattern schwerer Maschinengewehre. Farrusco ist schwer verletzt – eine Kugel hat seine Lunge durchschlagen. Antonio ist am Bein getroffen, bleibt jedoch bei Bewußtsein. Er wendet den Wagen und fährt mit dem schwerverwundeten Kommandanten zurück.

Die Kolonne rollt vorwärts, auf Pereira d'Eça zu. Die Soldaten bleiben im Inneren der Wagen, doch offenbar ist ihnen heiß, denn von Zeit zu Zeit öffnet sich – entgegen dem Befehl – bei diesem oder jenem Wagen die Luke, und ein junges, sonnenverbranntes Gesicht ist zu sehen.

Und in Luanda? Was kann man am Sonntag in unserer verlassenen Stadt tun, über die schon – wie sich zeigt – das Urteil gesprochen wurde?

Man kann bis Mittag schlafen.

Man kann den Hahn drehen, um zu sehen, ob es – vielleicht hat man Glück – Wasser gibt.

Man kann vor dem Spiegel stehen und denken: Wieviel graue Haare ich im Bart habe.

Man kann über seinen Teller gebeugt sitzen, auf dem ein Stück scheußlichen Fisches und ein Löffel Reis liegen.

Man kann, schweißüberströmt vor Schwäche und Anstrengung, die Rua de Luiz de Camões hinauf spazieren – in Richtung Flughagen, oder hinunter – zum Hafen.

Doch das ist nicht alles! Man kann auch noch ins Kino gehen! Ja, denn es gibt noch ein Kino, zwar nur dieses eine, doch das in Cinemascope, im Freien und obendrein gratis. Dieses Kino liegt im nördlichen Teil der Stadt, nahe der Front. Der Besitzer ist nach Lissabon geflohen, doch der Vorführer ist geblieben und mit ihm auch eine Kopie des berühmten Pornofilmes *Emmanuelle*. Diese Kopie zeigt der Vorführer ohne Unterlaß, wieder und wieder, gratis, Eintritt für alle frei, Kinderscharen stürmen hinein, Soldaten auf Fronturlaub, stets sind alle Plätze besetzt, es gibt ein Drängen, Lärmen, unbeschreibliches Grölen. Um die Wirkung zu erhöhen, stoppt der Vorführer den Film bei den pikantesten Szenen. Ein nacktes Mädchen – stop. Er nimmt sie im Auto – stop. Er nimmt sie am Fluß – stop. Der Alte nimmt sie – stop. Der Boxer nimmt sie – stop. Wenn er sie in einer komischen Stellung nimmt – Lachen und Applaus. Wenn er sie in einer ausgesucht raffinierten Stellung nimmt – verstummen die Zuschauer und analysieren das Geschehen. Es herrschen Fröhlichkeit und Geschnatter, so daß man kaum das dumpfe Echo des Artilleriefeuers der nahen Front vernimmt. Und natürlich kann keine Rede davon sein – doch das hat nichts mehr mit Emmanuelle zu tun, sondern nur mehr mit der großen Entfernung –, daß man das Dröhnen der Motoren der gepanzerten Kolonne hören könnte, die auf der Straße vordringt.

Wenn die Morgenröte erscheint. Für Dich, Herr, singt die Erde. Ein schlechtes Zeichen – Dona Cartagina singt das Stundengebet. Seit dem Morgen zittert und bebt die ganze Stadt, die Scheiben klirren, denn die Artillerie feuert aus allen Rohren, bumm, bumm, bach, karawumm, wumm, wumm, der Horizont dröhnt vom Schlachtenlärm. Holden Roberto hat angekündigt, er werde heute in Luanda einmarschieren. Er bittet die Bevölkerung, Ruhe zu bewahren. Gestern hat sein Flugzeug Zettel abgeworfen, ein Bild Robertos mit dem Text:

GOTT HERRSCHT IM HIMMEL,
HOLDEN HERRSCHT AUF ERDEN

Sie greifen offenbar mit massiven Kräften an, denn seit dem Morgengrauen ist das Schießen nicht verstummt, auch vom Süden rückt es näher. In der Stadt herrscht Chaos, nervöses Hinundherrennen, Schreien. Mit dem Auto sind es bis zur Front fünfzehn Minuten. Vielleicht kommen sie. Dona Cartagina will mich in ihrer Wohnung verstecken. Sie wohnt in der Nähe, die dritte Seitenstraße rechts. Ich soll mich sofort aufmachen, sie zeigt mir den Weg dorthin. Ich soll mich als ihr Sohn ausgeben, der sich um die kranke alte Mutter kümmert. – Warum sprichst du so ein komisches Portugiesisch? – Weil ich in Timor zur Welt kam, doch ich bin von zu Hause ausgerissen und habe mein ganzes Leben in Burma verbracht. Ich habe in der burmesischen Flotte gedient und spreche besser deren Sprache. – Zeig deine Papiere! – Die sind auf dem Schiff, und ihr seht ja selber, daß alle Schiffe abgefahren sind.

Dona Cartagina weist mich an, alle Papiere zu verbrennen und den Koffer zu packen, doch ich sage, nein, es ist noch Zeit, vielleicht kommen sie heute noch nicht.

Ich rufe die Kubaner an, aber ihr Telefon schweigt.

Ich gehe nach unten, treffe Oscar, der umherrennt, und frage, was los ist. Er weiß nicht, was los ist, und rennt weiter. Über die Straße rollt ein Lastwagen mit Soldaten, dann noch einer. Einige Frauen mit Bündeln trotten vorbei. Dann taucht eine Patrouille auf, die Feinde sucht. Was für Feinde, fragt Felix, weiß wie eine Wand. Meine Haut kribbelt, denn ich sitze gerade am Telexapparat und versuche, Warschau zu erreichen, aber die könnten meinen, ich wollte Verbindung mit Holden Roberto aufnehmen. Ich habe auch schon die örtliche Zentrale erreicht und zu senden begonnen:

3322 TIVOLI AN
OB INT LUANDA AN
ESTIMADO COLEGA, PODE LIGARME
COM POLONIA
NUMERO 814251 OK?

Doch plötzlich unterbrachen sie die Verbindung, und ich atmete erleichtert auf, denn einer von der Patrouille war hinter mich getreten, weil er sehen wollte, was ich da schrieb, aber ich schrieb nichts mehr, deshalb sagte er: Wir müssen wachsam sein, camarada, wir müssen wachsam sein, denn der Feind steht vor Luanda. Ja, camarada, sagte ich, und Felix sagte, ja, natürlich, das ist klar, und auch Oscar hielt mitten im Schritt inne und nickte zustimmend, damit sie nur möglichst rasch ihre Waffen senkten oder sich am besten aus dem Staub machten.

Endlich zogen sie ab, und ich ging durch leere Straßen zum *Diario de Luanda*, zu Queiroz, der immer viel wußte. Diese Zeitung wurde von drei Leuten gemacht. Sie hatte sechzehn Seiten, von denen Queiroz täglich acht schrieb. Er meinte, sie wären zu wenig Leute: Eine Tageszeitung müßten fünf Redakteure machen. Er zeigte mit die Titel, die er in die Druckerei geschickt hatte: Alle an die Front! Die Stunde der Bewährung ist gekommen! Wir geben keine Handbreit Boden auf! Er sagte, die Lage sei schwierig, die FNLA greife mit allen verfügbaren Kräften an, dazu noch fünf Bataillone aus Zaire und obendrein Söldner, die MPLA ziehe vor Luanda Einheiten aus der Provinz zusammen, doch es fehle an Transportmitteln und die Munition gehe zu Ende.

Ich kehrte ins Hotel zurück und wartete auf Warschau. In der Rezeption drängten sich Menschen, die Angst hatten, diese Nacht in ihren Häusern zu verbringen, sie saßen lieber hier und warteten ab, was weiter geschah. Das Artilleriefeuer kam immer näher, dann polterten wieder unbeleuchtete Lastwagen durch die Straße.

Plötzlich leuchtete das Lämpchen des Telexapparates auf, und die Maschine begann zu drucken:

3322 TIVOLI AN
814251 PAP PL
GUTEN ABEND, WIR KÖNNEN KEINE VERBINDUNG MIT IHNEN BEKOMMEN, HABEN ES ALLE PAAR MINUTEN VERSUCHT, VERGEBLICH, ICH WEISS NICHT, WARUM DER APPARAT IMMER WIEDER BESETZTZEICHEN DRUCKT, BITTE SENDEN

JA BI, BI, HIER HERRSCHT KRIEG UND SCHRECKLICHES CHAOS, GESTERN HAT EINE GRANATE DAS KABEL GETROFFEN UND DIE VERBINDUNG ZERSTÖRT, ABER HEUTE IST WIEDER ALLES IN ORDNUNG BI BI IST DORT CHEF VOM DIENST?

JA MOM MOM
MORAWSKI HIER

SERVUS ZDZICH, HÖR ZU, STURM AUF LUANDA HAT BEGONNEN, VIELLEICHT REISST DIE VERBINDUNG GLEICH AB, WIR HABEN SCHWEREN ARTILLERIEBESCHUSS, ICH SENDE, WAS ICH HABE, DOCH IHR MÜSST RECHNEN, DASS VERBINDUNG BALD UNTERBROCHEN WIRD, IST MATERIAL JETZT OK?

JA, SENDE, ABER KÖNNEN WIR NICHTS TUN FÜR DEINE SICHERHEIT, VIELLEICHT KÖNNEN WIR DICH MIT EINEM FLUGZEUG HERAUSHOLEN?

NEIN, IST SCHON ZU SPÄT. MORGEN KANN SICH ALLES ENTSCHEIDEN, NIEMAND WEISS, WAS SEIN WIRD, WIR SIND SEHR SCHWACH, UND ES STEHT SCHLECHT, ABER ZUERST DAS MATERIAL, UND DANN PLAUDERN WIR, ICH HABE HEIMWEH, OK?

OK, SENDE

MOM, MOM

(Ich sendete MOM, MOM, das heißt – Moment, denn aus dem Radio tönte die Stimme des Stabschefs der Truppen der MPLA, Comandante Xiyetu, der die Generalmobilmachung verkündete. Ich hörte seinen Bericht zu Ende und begann sofort zu schreiben:)

LETZTE MELDUNG LUANDA PAP 23.10 ANGESICHTS DER KRITISCHEN LAGE IN ANGOLA VERKÜNDETE DER GENERALSTAB DER VOLKSARMEE MPLA DONNERSTAG ABEND DH VOR KURZEM DIE ALLGEMEINE MOBILMACHUNG ALLER MÄNNER IM ALTER VON 18–45 JAHREN. LAUT KOMMUNIQUÉ DES STABES WURDE ANGOLA IN DIESEN STUNDEN OPFER EINER BEWAFFNETEN AGGRESSION IN GROSSEM UMFANG. IM VERLAUF DES HEUTIGEN TAGES HAT DER FEIND EINIGE WICHTIGE STÄDTE GENOMMEN UND OFFENSIVE WIRD FORTGESETZT. MOMENTAN WIRD VOR LUANDA GEKÄMPFT. DIE SITUATION IST SEHR ERNST, UND DAS KOMMUNIQUÉ DES STABES RUFT ALLE PATRIOTEN AUF, ZU DEN WAFFEN ZU GREIFEN UND AN DIE FRONT ZU GEHEN, UM DAS VATERLAND ZU VERTEIDIGEN END ITEM

MOM MOM

RYSIEK, FERNSEHEN HAT GEBETEN, DIE FOLGENDE NACHRICHT ZU SENDEN: FÜR 8. NOVEMBER BEREITEN WIR SENDUNG ÜBER INTERNE SITUATION IN ANGOLA VOR, ZU DER WIR DICH EINLADEN. AM LIEBSTEN HÄTTEN WIR EINEN FILMBERICHT, ABER ES KÖNNEN AUCH FOTOS SEIN, AUF BAND AUFGENOMMENE MELDUNGEN ODER PERSÖNLICHER KORRESPONDENTENBERICHT, DEN EIN SCHAUSPIELER LIEST, BESTE GRÜSSE

HÖR ZU, RYSIEK, ICH HAB DIR NACHRICHT GESCHICKT, OBWOHL ICH WEISS, WIE ABSURD DAS GANZE ZU DIESEM ZEITPUNKT IST

MACHT NICHTS, HÖR ZU, GIB AN CZARNECKI WEITER: MICHAL, LAGE HIER SCHLIMM, TÄGLICH ERWARTEN WIR ANGRIFF AUF LUANDA UND ABREISSEN DER VERBIN-

DUNG, DAHER MÖCHTE ICH FOLGENDES VERABREDEN – WENN IHR NICHT ABENDS ZU FESTGESETZTER ZEIT VERBINDUNG BEKOMMT, VERSUCHT ES AM MORGEN NÄCHSTEN TAGES UM 7 GMT DANN 20 GMT WIEDER AM FOLGENDEN TAG UND SO WEITER BIS ERFOLG, BIS GOTT GIBT, DASS VERBINDUNG KLAPPT, OK? SORGT DAFÜR, DASS EVENTUELLE REISEN NACH LUANDA GESTOPPT WERDEN, AUSSER JEMAND WILL SELBSTMORD BEGEHEN, OK??? UMARME EUCH RYSIEK

JA, OK, DANKE, WIR HALTEN DIR DAUMEN

DANKE, ALTER, GRÜSSE AUS LUANDA UND ERWARTE EURE VERBINDUNG MORGEN 20 GMT OK?

TKS, GUTE NACHT

Ich stand vom Apparat auf, schweißgebadet wie eine Maus, aber froh, daß es mir gelungen war, die letzten Nachrichten zu senden, die ich im Radio gehört hatte. Nach Mitternacht rief ich Queiroz an. Der Angriff war gestoppt, doch es gab hohe Verluste.

Nachts gehe ich auf den Balkon, richte die Antenne auf die Bucht und suche mit meinem Transistorgerät ferne Stationen. Ja, dort draußen irgendwo existiert ein normales Leben, man braucht nur das Ohr an den Lautsprecher zu legen und zu horchen. Auf der einen Hälfte der Erdkugel schnarchen die Menschen und wälzen sich von einer Seite auf die andere, auf der anderen stehen sie auf, kochen Milch, rasieren und pudern sich. Und dann umgekehrt. Der Mensch wacht auf und denkt nicht daran, daß sein letzter Tag angebrochen sein könnte. Diese Gedankenlosigkeit ist überaus tröstlich, aber wir haben uns so daran gewöhnt, daß sie uns gar nicht mehr bewußt wird. In jeder Sekunde senden Hunderte, vielleicht sogar Tausende Radiostationen, eine Flut von Worten ergießt sich in den Äther. Es ist interessant, zu hören, wie die Welt sich zankt, agitiert, zu überzeugen sucht, droht, schwindelt und lügt, wie jeder recht haben und die andere Seite nicht anhören möchte. Die ganze Welt ist in diesem Augenblick mit Angola beschäftigt, hier spricht Paris über dieses Thema, da London, Kairo und Tokio. Die Welt beobachtet den großen Schauplatz von Kampf und Tod, den sie sich im übrigen nur schwer vorstellen kann, denn das Bild des Krieges ist kaum zu vermitteln. Nicht mit der Feder, der Stimme oder der Kamera. Der Krieg ist nur für jene eine Wirklichkeit, die in seinem blutigen, abstoßenden, schmutzigen Inneren sitzen. Für andere ist er die Seite eines Buches, ein Bild im Fernsehen, nichts weiter. Ich drehe am Transistorradio, das immer leiser wird, weil die Batterien zu Ende gehen, und neue sind nicht zu bekommen, ich horche, was die fernen Rundfunksender sagen. Verschiedene Stimmen melden sich, es hagelt Ideen und Vorschläge. Was ist zu tun mit Angola? Man muß eine internationale Konferenz einberufen. Truppen der Vereinten Nationen schicken, die sollen einmarschieren und diejenigen trennen, die sich dort gegenseitig die Köpfe einschlagen. Truppen schicken? Wer aber soll das bezahlen, bei uns herrscht doch Inflation. Man sollte nur schwarze Truppen hinschicken, und bezahlen sollen das die Araber. Die Araber wissen ohnehin nicht, was sie mit ihrem Geld anfangen sollen. Das beste wäre, die Angolaner aufzurufen, sich zu vertragen. Sie sollen ein Abkommen unterzeichnen, die Sessel untereinander aufteilen und einander um den Hals fallen. Man soll ihnen drohen, daß sie, wenn sie einander nicht umarmen, kein Geld mehr bekommen. Make love, not war. Ein Millionenheer von Kubanern steht an der Grenze zu Südafrika. Dort, im trockenen Busch, unter bloßfüßigen Stämmen, die in panischer Furcht davonjagen, an diesem Ort ohne Straßen, ohne Lichter, ohne Schulen, ohne Städte, entscheidet sich das Schicksal der modernen Zivilisation. Unterstützen wir Vorster, geben wir ihm grünes Licht. Moralische Unterstützung.

Große Pläne, globale Strategien.

Die Menschen dort draußen haben keine Ahnung, daß hier alles von zwei Menschen abhängt.

Einer davon ist Ruiz, ein sympathischer, flinker Portugiese, Pilot einer alten, zweimotorigen DC-3, des einzigen Flugzeugs, über das die MPLA in Luanda verfügt. Die Maschine ist Baujahr 1943 und besitzt zwei Motoren, die Wolken von Ruß ausspeien, geflickte Tragflächen, abgefahrene Reifen und einen durchlöcherten Rumpf. Nur Ruiz weiß, wie man die Türen schließt (und auch er hat damit

Probleme). Mit dieser Maschine fliegt er Tag und Nacht, eigentlich ist er ständig in der Luft. Ruiz fliegt nach Brazzaville, um Munition zu holen, dann zu den belagerten Städten am äußersten Rande Angolas, um dort Munitionskisten und Mehlsäcke abzuladen und die Schwerverwundeten nach Luanda zu bringen. Wenn Ruiz nicht rechtzeitig kommt, müssen die Städte sich ergeben und die Verwundeten sterben. Man könnte sagen, daß das Schicksal dieses Krieges auf seinen Schultern liegt. Ruiz fliegt nach dem Gedächtnis über Angola, denn die Flughäfen sind nicht besetzt, ich weiß nicht einmal, ob sein Funkgerät überhaupt funktioniert. Oft weiß er selber nicht, in wessen Händen sich der Flughafen, auf dem er landen soll, gerade befindet. Gestern war er noch in unseren Händen, aber heute kann er schon dem Gegner gehören. Daher fliegt er zuerst über den Flughafen, ohne zu landen. Manchmal erkennt er Freunde an ihrer Gestalt, dann geht er herunter und setzt ruhig auf. Manchmal jedoch wird seine Maschine beschossen, dann kehrt er um und bringt die schlechte Nachricht nach Luanda. In diesem Land ohne Verbindungen und Kommunikation weiß Ruiz am besten, welche Stadt in welchen Händen ist. Er startet beim Morgengrauen, absolviert täglich ein paar Flüge und kehrt erst nach Mitternacht zurück. Sein Flugzeug wird von hungrigen Soldaten in Luso genauso erwartet wie von der belagerten Garnison in Novo Redondo oder den von der Welt abgeschnittenen Verteidigern Quibalas. Jetzt wird Ruiz von Luanda gebraucht, das sich ohne Munitionslieferungen nicht mehr halten kann. Am ehesten findet man ihn frühmorgens auf dem leeren Flughafen, wenn er die Motoren kontrolliert. Ein Motorschaden könnte die Maschine lahmlegen und den Verlauf des ganzen Krieges ändern. Ersatzteile gibt es keine. Auch keine Mechaniker. Im übrigen wird die Maschine ständig eingesetzt. Im nächsten Moment verschwindet Ruiz in der Pilotenkabine. Der Propeller beginnt sich zu drehen, das Flugzeug verschwindet in dichten, undurchdringlichen Wolken schwarzen Rauchs, und dann rollt der Haufen Alteisen unter Dröhnen, Bellen und Knurren zum Start.

Der zweite Mensch, von dem alles abhängt, ist Alberto Ribeiro, ein kleiner, bulliger, dreißigjähriger Ingenieur. Die nördliche Front verläuft bei Luanda am Fluß Bengo entlang. An diesem Fluß steht eine Pumpstation, die das Wasser für Luanda liefert. Wenn die Station nicht arbeitet, gibt es in Luanda kein Wasser. Das weiß der Gegner und bombardiert die Stelle, wo die Pumpen stehen, ohne Unterlaß. Manchmal trifft er, und die Station arbeitet nicht mehr. Luanda kann ohne Wasser fünf Tage durchhalten, dann brechen Seuchen aus. Der einzige, der die Pumpen reparieren kann, ist Alberto. Ihm verdankt es die Stadt, daß sie von Zeit zu Zeit Wasser hat, existieren und sich verteidigen kann. Wenn Alberto auf dem Weg zur Pumpstation in einem Autounfall sein Leben verlöre oder in der Station getroffen würde, müßte sich Luanda in wenigen Tagen ergeben.

Allgemeine Mobilmachung. Lange Schlangen junger Menschen, die meisten arbeitslos. Statt eine Wand zu stützen, ist es besser, dem Aufruf zu folgen, beim Militär bekommt man wenigstens zu essen. Sie werden kämpfen und töten. Endlich Arbeit, vielleicht sogar Ruhm. Sie werden von Müttern und Frauen begleitet, viele Frauen mit dicken Bäuchen. Menschen werden geboren werden und einander umbringen, solange die Welt besteht. Diejenigen, die jetzt das Licht der Welt erblicken, werden in fünfundzwanzig Jahren das Jahr zweitausend erleben. Erhebende Feierlichkeiten zur Begrüßung des neuen Jahrtausends. Begegnung der Jugend mit den Veteranen des zwanzigsten Jahrhunderts. Ein Interview mit einer rüstigen Alten, die den Ersten Weltkrieg mitgemacht hat. Ein imponierendes Gedächtnis, gepaart mit neckischer Koketterie, die Großmutter erinnert sich, wie sie beim Durchmarsch der Truppen mit einem Soldaten in einem Heuschober, ja, so war es, mein Herr, ich irre mich nicht, ich erinnere mich ganz genau. Die Hälfte der Menschheit wird Schlitzaugen haben. Die eine Hälfte wird nicht verstehen, was die andere Hälfte redet. Höchste Zeit, die Methode, sich mittels Zeichen zu verständigen, zu verbessern, mit dem Erlernen der Zeichensprache zu beginnen. Die weiße Rasse tritt in ihre Endphase ein. Knapp dreizehn Prozent der Erdbewohner werden weiße Hautfarbe besitzen. Nicht einmal zwei Prozent natürliche blonde Haare. Blondhaarige – ein immer selteneres Phänomen, die rarste aller Raritäten. Was ist besser – soll man an die Zukunft denken oder nicht? Zukunftsschock: die Sorgen der postindustriellen

Gesellschaft, Luxus. Für andere die Sorgen des Alltags – ob sie heute etwas zu essen ergattern. Die Sprache der Bantus kennt keine Zukunftsform, sie werden nicht vom Gedanken geplagt, was in einem Monat, einem Jahr sein wird (siehe des ehrwürdigen Vaters Placide Tempels *La Philosophie Bantoué*). Die Rekruten werden in Gruppen direkt an die Front geführt, frisch, unerfahren, wozu? Damit sie ein künstliches Gedränge, größeres Chaos erzeugen? Achtzehn Uhr, die Anmeldestelle schließt. Die Menschen zerstreuen sich, verschwinden in den Labyrinthen der *musseques*, der Elendsviertel. Der Tag, eigentlich unauffällig, ruhig sogar, neigt sich dem Ende zu.

Inzwischen war es schwül geworden. Plötzlich verstummten die Kanonen vor Luanda, und von den anderen Fronten gab es keine Meldungen. Es schien, als sei die Zeit stehengeblieben, als geschehe nichts. Die Segel unseres Schiffes sanken schlaff herab, es herrschte Windstille. Warten auf den Sturm. Ich spürte, daß ich keine Luft bekam. Es war eine ganz spezifische Schwüle, die sich nicht in Millibar messen ließ. Man spürte sie eher psychisch als physisch. Ein unsichtbarer Reifen zog sich enger um die Brust, wodurch das Gefühl der Bedrohung und Angst verstärkt wurde. Ich war der Meinung, nur ich sei davon betroffen, nur ich so niedergeschlagen. Ich beobachtete die anderen. Alle hatten die Mienen von Menschen, denen die Atemluft knapp wird. Stumpfe, ausdruckslose Gesichter mit verschwommenen Zügen, ohne Kraft und Reiz. Das Gefühl der Schwüle dominierte alles, so daß es genügte, ein Gespräch über irgendein Thema zu beginnen, um wenig später zu hören, wie schwül es war. Diese Äußerungen blieben im übrigen undeutlich und nebelhaft, denn das Empfinden der Schwüle ist ein Zustand, der sich nur schwer beschreiben läßt. Für gewöhnlich sagt man nur, etwas liegt in der Luft, etwas muß geschehen, etwas erwartet uns. Da Krieg herrscht, glaubt der Gesprächspartner, es werde ein Blutvergießen geben. Es ist eine aus der Geschichte hergeleitete Lektion, daß es ohne Blutvergießen keine bahnbrechenden Entwicklungen geben kann. Dann tritt reihum Schweigen ein, weil jeder grübelt, ob das sein Blut sein wird. Das Gefühl der Schwüle wird begleitet von einem Zustand der Gereiztheit und Nervosität. Der Mensch, der die

Situation nicht durchschaut, aber nach einer Erklärung für sie sucht, ist bereit, den phantastischsten Gerüchten Glauben zu schenken. Er verspürt Furcht, reagiert irrational und läßt sich leicht von seinem Herdeninstinkt lenken.

Schwül wird es dann, wenn wichtige Ereignisse, eine grundlegende Veränderung nicht an die Oberfläche des Lebens dringen, keine Erfüllung finden können. Die noch unsichtbare, nicht auskristallisierte Tatsache, die erst in Zukunft Wirklichkeit wird, wächst bereits heran, schwillt an und beginnt die bestehende Wirklichkeit, die nicht Platz machen will, zu bedrängen. Es wird immer enger und daher – immer schwüler. Der Mangel an Luft verstärkt das Gefühl der Hilflosigkeit. Apathisch sehen wir die Wolken sich zusammenballen und warten auf die Stimme, die aus ihnen ertönen und uns das gnadenlose Urteil verkünden wird.

GUTEN ABEND – schaltete sich Warschau ein
–, WIR BITTEN UM NACHRICHTEN

LEIDER HABE ICH IMMER NOCH KEINE INFORMATIONEN, OBERFLÄCHLICH IST ALLES RUHIG UND NICHTS GESCHIEHT, DIE TYPISCHE STILLE VOR DEM STURM, WIR WISSEN, DASS DIE INVASION NÄHER RÜCKT, HABEN JEDOCH KEINE INFORMATIONEN VON DER FRONT, ES KOMMEN SCHWERE TAGE AUF UNS ZU, DOCH DAS IST KEINE KONKRETE INFORMATION FÜR DIE ZEITUNG, MELDET EUCH MORGEN, VIELLEICHT PASSIERT ETWAS

OK, ALSO BIS MORGEN

BIS BIS TKS

TKS BYE

BYE

Um zwei Uhr nachts hämmerte jemand an meine Tür, ich wurde aus tiefem Schlaf gerissen und spürte eine Gänsehaut, denn ich dachte:

Die FNLA!

Ich schleppte mich auf bleiernen Beinen zur Tür und öffnete.

Drei schrecklich schmutzige Typen stürmten ins Zimmer. Sie stürzten sich auf mich, ich mich auf sie, wir umarmten einander und schrien durcheinander. Es waren Nelson, Manuel und Batista. Sie legten ihre Waffen ab und wollten sich waschen. Dann warf sich Nelson aufs Bett und schlief im selben Moment ein, während die beiden anderen die letzte Konservendose öffneten, die ich für eine Stunde der Not aufbewahrt hatte.

Was ist los an der Südfront? fragte ich.

Es gibt keine Südfront mehr, sagte Manuel, der Feind steht schon in Benguela. Eine zweite Kolonne stößt auf Luanda vor.

Kann man sie nicht aufhalten?

Das ist schwierig. Sie verfügen über ungeheure Feuerkraft. Sie besitzen zahlreiche Panzerwaffen, viel Artillerie, kämpfen ausgezeichnet und sind zu allem entschlossen. Wir haben nichts, womit wir kämpfen könnten. Unsere Leute sind nicht darauf vorbereitet, gegen eine reguläre Armee anzutreten. Wir ziehen uns zurück, denn die Kräfte sind nicht ausgewogen.

Was ist mit Farrusco?

Wir wissen es nicht, er wurde schwer verwundet.

Habt ihr den Gegner aus der Nähe gesehen?

Ja. Sie haben Panzerwagen vom Typ Panhard, die ungemein schnell sind. Sie sind beweglich und kennen das Gelände genau. Sie teilen sich in Gruppen von fünf bis sechs Wagen und wechseln ständig ihre Positionen. Sie sind überall und nirgends, und es ist nicht leicht, sie zu fassen. Wir haben zu wenig Kräfte, um eine Verteidigung zu organisieren.

Wann werden sie in Luanda eintreffen?

Vielleicht in ein paar Tagen.

Die pessimistische Seite meiner Natur ließ mich denken, daß der Augenblick des Untergangs gekommen, das Ende nahe war. Es genügte, daß sie das Kraftwerk in Cambambe einnahmen, das etwa zweihundert Kilometer von Luanda entfernt lag. Von dort wurde der Strom zur Pumpstation geleitet, von diesem Kraftwerk hing es ab, ob die Stadt Wasser und Licht hatte. Ohne Wasser und Licht mußte die umzingelte, ausgehungerte Stadt in wenigen Tagen die Waffen strecken.

Montag, 3. November

(schreckliches Durcheinander)

Am Morgen – nichts.

Mittags – Pablo holt mich mit dem Jeep beim verabredeten Treffpunkt ab. Im Wagen sitzen noch zwei weitere Kubaner. Sie tragen grüne Uniformen ohne jedes Abzeichen. Ihr einziges Kennzeichen sind die Waffen, die sie tragen. Einen Bewaffneten fragt keiner, wer er ist und was er hier treibt. Im übrigen genügt es, wenn er sagt: Cubano, und die Patrouillen fragen nicht weiter und lassen ihn durch. Wir passieren ein über Felder verstreutes Industriegelände. Dann beginnt Weideland, regelmäßige Rechtecke saftiger, gepflegter Weiden. Herrenlose Rinderherden, Tonnen von Milch und Fleisch, von keinem bewacht. In der Stadt herrscht Hunger, doch keiner rührt die Rinder an – sie sind portugiesisches Eigentum, unberührbar. Nach kurzer Fahrt beginnen sanfte Hügel, aufgeworfene Erde, Schützengräben, Kanonen, Kisten – die Nordfront, die empfindlichste Stelle in diesem Krieg, weil sie im Vorfeld Luandas liegt. Der Blick aus der ersten Grabenlinie: eine weite Landschaft, grün, der Fluß in einer flachen Senke, eine Asphaltstraße, eine gesprengte Brücke, das durchlöcherte Gebäude der Pumpstation, ein Palmenhain. Auf der anderen Seite, in der Entfernung – Hügel in der Sonne, die Positionen des Feindes. In den Linsen des starken Fernglases sehe ich Staubkörner, eine senkrechte und eine waagrechte Skala, entlang der waagrechten Skala laufen kleine Gestalten hin und her, fahren Autos: Vorbereitungen eines Angriffs. Auch auf unsere Seite herrscht reges Treiben, werden Sandsäcke geschleppt, Unterstände getarnt, Kanonen in Stellung gebracht. Sie wollen nicht überrascht werden. Dann fällt die Nacht ein, Dämmerung, Warten, wer zuerst losschlägt. Schließlich attackiert die eine Seite, die andere antwortet, vom Boden steigen Staubfahnen hoch, ein Tanz von Feuer und Tod beginnt. Pablo geht herum, erteilt Befehle, kontrolliert das Gerät, wie ein Bauer am Vorabend der Ernte. Ich hefte mich an seine Fersen und mache Aufnahmen. Alle wollen fotografiert werden. Jetzt mich, und jetzt mich, camarada, mich, miiiiich! Sie stehen habtacht, ein paar salutieren. Eine Spur hinterlassen, sich verewigen, irgendwie bleiben. Ich war da, gestern noch war ich da, er hat mich fotografiert, schau, so habe ich ausgesehen. So ein Gesicht hatte ich, als ich noch lebte. Ich stehe vor euch habtacht, seht mich einen Moment an, ehe ihr euch anderem zuwendet.

Nachmittags – zurück in der Stadt, unser Auto fuhr durch eine enge Gasse und blieb vor einer einstöckigen Villa stehen, in der der Stab der kubanischen Berater untergebracht war. Wir waren kaum ausgestiegen, als ein Soldat gerannt kam und Pablo einen aus einem Heft gerissenen, mit Bleistift beschriebenen Zettel gab.

Pablo las und wurde blaß.

Wortlos ging er auf die Veranda und setzte sich auf eine Bank. Er holte ein Tuch hervor und wischte sich die Stirn. Wir warteten, daß er etwas sagte. Er las es noch einmal, immer noch schwieg er, endlich sagte er leise, undeutlich, wie mit starren Lippen:

Heute haben sie Benguela eingenommen. In der Schlacht um die Stadt sind alle Kubaner gefallen. Die Meldung hat ein verwundeter Telegrafist geschickt.

Dann blickte er uns an und fügte hinzu:

Jetzt marschieren sie auf Luanda. Von Benguela nach Luanda sind es siebenhundert Kilometer, aber auf dieser Strecke gibt es keinen Widerstand, keine Verteidigungslinien mehr. Wenn sie ausdauernd sind und Tag und Nacht fahren, können sie morgen hier sein.

Im Nebenhaus rief eine Frau: Mauro! Mauro!, nach einer Weile antwortete eine Kinderstimme. Es war achtzehn Uhr. Irgendwo in der Ferne war ein Kirchenglöckchen zu hören.

Gib mir den Funker, sagte Pablo zu dem Soldaten, der den Zettel gebracht hatte, und ruf die Leute zusammen.

Nun begannen militärische Dinge, ich zog mich daher zurück und ging zum Hotel. Ich bat jemanden, mich an die Stadtgrenze zu bringen, nach Moro da Luz, wo in der ehemaligen Residenz des französischen Konsuls der Stab der MPLA einquartiert war. Doch der Stab hielt eine Beratung ab, und die Wachen wollten mich nicht durchlassen. Ich kehrte mit einem Lastwagen zurück, der portugiesische Soldaten transportierte. Sie trugen lange Bärte und hatten weder Mützen noch Koppel. Sie verkauften Konserven auf dem Schwarzmarkt und brachen Autos auf. Sie hatten Befehl, Neutralität zu wahren, nicht zu schießen, sich nicht einzumischen. Sie packten alles auf Schiffe. In einer Woche sollte die letzte Einheit abziehen.

Am Abend sprach ich mit Queiroz. Er meinte, es werde der Gegenseite schwerfallen, Luanda zu nehmen, denn die gesamte Bevölkerung sei zum Kampf bereit, sie müßten ein riesiges Massaker veranstalten, doch das könne die Welt nicht zulassen. Doch dann äußerte er selber Zweifel: Ob das auch stimmt, was ich sage? Die Welt ist so weit weg.

Ruiz flog mit dem Flugzeug nach Porto Amboim, mit einer Gruppe Pioniere und Kisten mit Dynamit. Sie sollen alle Brücken über den Fluß Cuvo sprengen, der den Weg von Benguela nach Luanda kreuzt. Wenn sie es noch schaffen.

Um Mitternacht meldete sich Warschau.

IM VERLAUF DES LETZTEN TAGES –
schrieb ich – NAHM DIE SITUATION IN ANGOLA EINE DRAMATISCHE WENDUNG. SÜDAFRIKANISCHE TRUPPEN, UNTERSTÜTZT VON SÖLDNERN UND VERBÄNDEN DER FNLA UND UNITA, HABEN BENGUELA EINGENOMMEN, DIE ZWEITGRÖSSTE STADT ANGOLAS NACH LUANDA, DIESE TRUPPEN STOSSEN IN ZWEI GEPANZERTEN KOLONNEN WEITER IN RICHTUNG HAUPTSTADT VOR, WO SCHON DIE VERTEIDIGUNG DER STADT VORBEREITET WIRD. NACH NOCH NICHT ÜBERPRÜFTEN INFORMATIONEN, DIE IM LETZTEN MOMENT HIER EINTRAFEN, HAT EINE DIESER KOLONNEN NOVO REDONDO GENOMMEN UND BEFINDET SICH FÜNFHUNDERT KILOMETER SÜDLICH VON LUANDA. WENN ES NICHT GELINGT, DIESE TRUPPEN AN DER LINIE ENTLANG DES FLUSSES CUVO AUFZUHALTEN, KÖNNEN SIE IN DEN NÄCHSTEN ZWEI TAGEN VOR LUANDA STEHEN. ES WIRD ERWARTET, DASS ES DANN ZU EINEM KONZERTIERTEN ANGRIFF VON NORDEN UND SÜDEN KOMMT. ENTSPRECHEND PLAN ORANGE, DER DIE EINNAHME DER HAUPTSTADT VOR DEM 10. NOVEMBER VORSIEHT, WAS DIE POLITISCHE UND MILITÄRISCHE LIQUIDIERUNG DER MPLA BEDEUTEN WÜRDE, JEDENFALLS FÜR DIE NÄCHSTE ZUKUNFT END ITEM
MEINE LIEBEN, STELLT IN 7 STUNDEN WIEDER VERBINDUNG HER, DENN JETZT KOMMT ES AUF STUNDEN AN

OK???

JA, NATÜRLICH,BDANK

TKS BYE BYE

GUTE NACHT

Dienstag, 4. November (die Nerven, die Nerven)

Ich stand um drei Uhr morgens auf, um in Ruhe den Kommentar für PAP vorzubereiten. Ich war allerdings kaum in die Rezeption hinuntergegangen und hatte den Telexapparat eingeschaltet, als fünf Strolche mit Maschinenpistolen hereinkamen, direkt auf mich zu: Sitzenbleiben, nicht bewegen! Sie weckten Felix, der auf dem Sofa schlief wie ein Stein, und verlangten eine Liste der Hotelgäste. Sie wollen eine Durchsuchung machen und alle zum Verhör zur Polizei bringen. Der Feind ist in der Stadt, in diesem Viertel, in diesem Hotel. Die fünfte Kolonne, Infiltration. Sie zerrten ein Dutzend verschreckter, verschlafener Leute nach unten. Alle Überredungskünste waren vergebens. Nicht sprechen! rief der Wichtigste von ihnen und richtete seine Pistole gegen die Decke, wie ein Startrichter bei einem Leichtathletikwettkampf. Du solltest dich besser an der Front austoben, Freundchen, hätte ich ihm gerne gesagt. Wir warteten, doch wie üblich klappte die Organisation nicht, und das Auto, mit dem sie uns zur Polizei bringen wollten, blieb aus. Am Morgen tauchte Almeyda auf, der Pressesprecher der MPLA. Er befahl, uns freizulassen, und ihnen sagte er, sie sollten sich trollen. Die Menschen gingen verschreckt und erschöpft auseinander. Jeder konnte mit einer Pistole hereinkommen, das Hotel terrorisieren und machen, was er wollte.

An der Front im Norden ist es ruhig. Sie warten, bis die anderen aus dem Süden näher rücken. Dann wollen sie von zwei Seiten zugleich losschlagen. Noch diese Woche, vielleicht morgen schon.

Der Rundfunk ruft die Bevölkerung zur Verteidigung der Stadt auf. In dieser entscheidenden Stunde ... keiner sich drücken ...

Die Führung der MPLA berät den ganzen Tag.

Angeblich steht in Brazzaville und in Cabinda Hilfe bereit, doch die erreicht Luanda nicht, weil der Flughafen und der Hafen bis zum nächsten Montag (dem 10. November) von den portugiesischen Truppen kontrolliert werden. Bis Montag gehört Angola offiziell zu Portugal, ist portugiesische Überseeprovinz und damit NATO-Gebiet. Wir müssen also bis nächste Woche ausharren. Und wenn es dann zu spät ist? Wenn die portugiesischen Verbände plötzlich in Luanda selber losschlagen und die Angolaner angreifen? (Es wird berichtet, daß manche Einheiten, die von rechten Offizieren kommandiert werden, sich nicht an das Prinzip der Neutralität halten und eigenmächtig handeln könnten.) Das Gerücht geht um, daß sie bereits Präsident Neto verhaftet haben. Panik macht sich breit. Es ist unmöglich, einen Überblick über die Lage zu gewinnen. Von der Südfront gibt es keinerlei Informationen. Wo steht der Feind? Hat er haltgemacht? Dringt er weiter vor? Ist er noch weit entfernt? Oder schon in den Vorstädten? Die Menschen verloren den Kopf. Ich stürzte in mein Zimmer und sah, daß Dona Cartagina ohne Auftrag meinen Koffer gepackt hatte. Und wo sind die Zeitungsausschnitte, die ich drei Monate lang gesammelt habe, mein wertvollster Schatz? Wo sind die Ausschnitte? Die hat sie ins Klo geworfen und hinuntergespült (das Pech wollte es haben, daß Ribeiro an diesem Tag die Pumpe repariert hatte und es Wasser gab).

Die Kunde geht um, die MPLA wolle vorzeitig die Unabhängigkeit ausrufen – heute oder morgen –, weil sie damit rechnet, daß Angola dann sofort von befreundeten Ländern anerkannt wird, die den Flugplatz und den Hafen als souveränes Gebiet des neuen Staates betrachten. Es geht um den Zugang nach Luanda. In diesem Augenblick kommt es darauf an, den Zugang zur Stadt zu öffnen, die auf dem Land eingeschlossen ist und weder über das Meer noch durch die Luft erreicht werden kann.

Und wenn die Hilfe nicht rechtzeitig eintrifft? Sturm auf Luanda. Trotz der heroischen Verteidigung der Stadt, die Übermacht der Feinde usw. Wer wird als erster die Stadt einnehmen? Die Truppen aus dem Süden oder die FNLA? Die Leute der FNLA – eine blutrünstige Soldateska. Kannibalen. Noch vor kurzem hatte ich das nicht geglaubt. Doch vorige Woche fuhr ich mit einer Gruppe lokaler Journalisten nach Lucala, vierhundert Kilometer östlich von Luanda. Einen Tag zuvor war Lucala aus den Händen der FNLA befreit worden, die sich nach Samba Caju zurückzog, ein Städtchen rund siebzig Kilometer nördlich von Lucala. Wir begleiteten eine Einheit, die die Truppen der FNLA verfolgte. Auf siebzig Kilometern die scheußlichsten Bilder. Auf der ganzen Strecke durch dieses dichtbesiedelte Gebiet kein lebender Mensch, kein Haus, das unversehrt geblieben war. Alle Menschen ermordet, alle Dörfer niedergebrannt. Auf dem Rückzug hatte der Gegner alles Leben ausgerottet. Frauenköpfe lagen verstreut im Gras neben der Straße. Leichen, denen sie Herz und Leber herausgerissen hatten. Nach der Hälfte der Strecke hielt ich die Augen geschlossen. Plötzlich wurden im Wagen Stimmen laut. Ich öffnete die Augen: In einem toten, niedergebrannten Dorf saßen vor einer zerstörten Bar zwei Affen an einem Tisch. Sie musterten uns eine Weile, dann machten sie sich in die Büsche davon.

Wenn man den Kannibalen in die Hände fällt – ein schlimmer Tod. Ihre verschwitzten Gesichter, die irren Blicke, wie sie brüllen, dir den Lauf ansetzen, sich freuen, weil sie ihrem Opfer panische Angst einjagen. Man darf gar nicht daran denken.

Am Abend verliest Comandante Ju-Ju im Radio seine Tagesmeldung über die Lage an den Fronten. Sehr optimistisch. Das ist ärgerlich. Die Wirklichkeit stellt sich katastrophal dar, die Hälfte des Landes ist in Feindeshand, doch Ju-Ju spricht davon, daß die MPLA nur Siege davonträgt.

DIE WIRKLICHKEIT NICHT ZUR KENNTNIS NEHMEN

Ein Prinzip, das wie ein Schlafmittel wirken soll. Keine Panik hervorrufen, keine Zweifel wecken, keine Hysterie erzeugen. Aber wie sonst soll man die Menschen jetzt, in diesem entscheidenden Augenblick, dazu bringen zu handeln, wenn sie nicht den ganzen Ernst der Situation erfassen? Sie werden keinen Finger rühren, werden herumlümmeln und Optimismus kauen. Wozu sich anstrengen, wenn doch alles in Ordnung ist? Und diese verwirrenden Widersprüche – einmal wird zur Verteidigung der Stadt aufgerufen, dann heißt es wieder, daß alles zum besten steht. Die Folge: Verlust des Vertrauens. In der entscheidenden Stunde werden sie keinem glauben, sogar ihr Selbsterhaltungstrieb stumpft ab.

3322 TIVOLI AN
814251 PAP PL
GUTEN ABEND PLS MATERIAL
ENTSCHULDIGUNG, DASS ICH AM MORGEN NICHTS GESCHICKT UND MICH GAR NICHT GEMELDET HABE, ABER DIE POLIZEI HAT UNS GRUNDLOS EINGELOCHT. SIE VERLIEREN EINFACH DEN KOPF. KEIN WUNDER, DIE MENSCHEN SPÜREN, DASS SIE IM NÄCHSTEN MOMENT DRAUFGEHEN KÖNNEN. RUFT MICH MORGEN 7 UHR AN, VIELLEICHT TREIBE ICH IN DER NACHT SENSATIONELLE NACHRICHTEN AUF UND WERDE DIESMAL NICHT EINGELOCHT UND GEFESSELT, OK???

JA, BIS MORGEN 7 UHR GN

GN BI BI WARTE SEHNSÜCHTIG
VIA ITT 11 / 4 / 75 1407 EDT

In der Nacht rief ich Queiroz an. Er sagte, morgen früh würden die portugiesischen Truppen den zivilen Teil des Flughafens räumen und sich aus dem Hafen zurückziehen. Wenn das stimmt, ist diese Nachricht wirklich eine Sensation. Ein Hoffnungsschimmer wird sichtbar. Gott, was für eine Erleichterung. Aus Freude sprang ich an die Decke.

Mittwoch, 5. November (die Landung)

Am Abend fuhr ich mit einem Kollegen Oscars, Gilbert, der im Kontrollturm arbeitete, zum Flughafen. Es war finster und goß in Strömen, so daß wir die ganze Zeit wie durch einen Wasserfall fuhren, ohne etwas zu sehen, nur eine Wasserwand, in die unser Peugeot tauchte. Ich hatte das Gefühl, als säße ich in einem Unterseeboot, das durch die Straßen einer versunkenen Stadt schwamm. Das riesige, gläserne Flughafengebäude, das voller Schmutz und Unrat war, weil noch keiner saubergemacht hatte hinter der halben Million Flüchtlinge, die hier kampiert hatten, war leer. Ich stand mit Gilbert im ersten Stock, und wir blickten auf das beleuchtete Rollfeld. Der tropische Wolkenbruch hatte aufgehört, doch es regnete noch. Plötzlich tauchten weit in der Ferne, links, zwei Scheinwerfer auf: ein Flugzeug im Landeanflug. Nach einer Weile landete es im Regen und rollte zwischen zwei Reihen gelber Scheinwerfer aus. Die Düsenmaschine *Britania* der kubanischen Luftlinie. Dann hoch oben mehr und mehr Lichter. Vier Flugzeuge landeten. Sie wurden vor uns in einer Reihe abgestellt. Die Piloten machten die Motoren aus, und es wurde still. Treppen wurden herangerollt, und aus den Maschinen kletterten kubanische Soldaten mit Säcken und Waffen. Sie nahmen in Zweierreihen Aufstellung. Sie trugen Kampfanzüge, die sie ein wenig vor dem Regen schützten. Nach wenigen Minuten marschierten sie zu Lastwagen, die bereits warteten. Ich spürte, daß mein Arm schmerzte. Ich schaute hin und begann zu lachen – während dieser ganzen Szene hatte Gilbert meinen Arm fest umklammert gehalten.

Diese Soldaten fuhren am nächsten Tag an die Front.

Im Hotel herrschten Gedränge und Lärm. In der Nacht von Montag auf Dienstag sollte Neto die Unabhängigkeit Angolas ausrufen, und zu diesem Anlaß hatte eine Maschine ein Dutzend ausländischer Korrespondenten aus Lissabon eingeflogen. Sie bekamen Visa für vier Tage und wurden in unserem Hotel einquartiert. Oscar raufte sich verzweifelt die Haare, weil er nichts zu essen hatte für sie, aber sie trösteten ihn und meinten, das Essen sei nicht so wichtig, wichtiger seien Informationen.

Was für Stories die Weltpresse druckt! Ich las viele Berichte, die in diesen Tagen aus Luanda geschickt wurden. Ich bewunderte den Reichtum der menschlichen Phantasie. Aber ich verstand auch die Situation meiner Kollegen. Die Redaktion entsendet ihren Korrespondenten in ein Land, für das sich im Augenblick die ganze Welt brennend interessiert. So eine Reise ist nicht billig. Die Zeitung wartet auf einen großen Bericht, eine Weltsensation, eine aufregende Geschichte, geschrieben im Kugelhagel. Der Sonderkorrespondent fliegt nach Luanda. Er wird ins Hotel gebracht. Er bekommt ein

Zimmer, rasiert sich und wechselt das Hemd. Er ist bereit und stürzt sich unverzüglich in die Schlacht.

Nach ein paar Stunden stellt er fest, daß er sinnlos mit dem Kopf gegen die Wand rennt.

Er kann nichts tun.

Angola bekundet nicht das geringste Interesse für seine Anwesenheit. Die Telefone antworten nicht, und wenn sie antworten, dann portugiesisch, in einer Sprache, die er nicht versteht. Wenn er genug Kraft und Ausdauer besitzt, kann er zu Fuß zum Palast der Regierung laufen. Dort findet er das pausbäckige Tippfräulein Elvira, das ihn anlächelt, aber nichts weiß, und was sie weiß, das will sie nicht sagen. Vielleicht begegnet er auch dem jungen Costa, der auf alle Fragen den Kopf schüttelt und schweigt wie ein Grab. Soll er sich zum Stab der MPLA aufmachen? Dafür braucht er einen ganzen Tag, außerdem läßt ihn die Wache nicht passieren. Auf zu Präsident Neto! Aber wie? Keiner will ihm verraten, wo der Präsident wohnt. An die Front fahren! An welche Front? Aus Luanda kommt er nicht hinaus, die Stadt ist eingeschlossen. Eine Gruppe Franzosen hat irgendwo einen Wagen aufgetrieben und beschlossen, zur Nordfront zu fahren, komme, was da wolle! Sie wurden vom ersten Posten angehalten und direkt zum Flughafen gebracht. Einen Kubaner sehen! Aber wie soll man das anstellen? Die sind nirgends zu sehen. Befindet sich Luso in den Händen der MPLA, denn Savimbi sagt, es werde von der UNITA gehalten? Aber wer weiß das schon? Zu dieser Stadt gibt es seit langem keine Verbindung mehr. Man muß herausfinden, wo genau die Front verläuft! Wo sie verläuft? Wer kann das sagen? Nicht einmal im Stab herrscht darüber Gewißheit.

Die einzigen Informationsquellen bleiben Dona Cartagina, Oscar und Felix. Dona Cartagina ist jetzt damit beschäftigt, die Zimmer aufzuräumen, und hat keine Zeit für Politik. Im übrigen spricht sie nur Portugiesisch, und es ist nicht leicht, sich mit ihr zu verständigen. Oscar antwortet immer nur mit den Losungen der MPLA: *A victoria é certa!* Der Sieg ist gewiß. Aber das ist eine schwache Information und obendrein nicht für alle die beste. Die sachlichste und präziseste Antwort ist Felix zu entlocken. Zur Situation befragt, antwortet er kurz: Confusão.

Confusão ist ein Schlüsselwort, ein Synthesewort, ein Alleswort. In Angola hat es eine spezifische Bedeutung und ist eigentlich unübersetzbar. Vereinfacht heißt *confusão* Verwirrung, Durcheinander, Zustand der Anarchie und Unordnung. *Confusão* bedeutet eine Situation, die von Menschen hervorgerufen wurde, die dann die Kontrolle und Herrschaft über sie verloren und dadurch selber zu Opfern der *confusão* wurden. Der *confusão* wohnt ein Fatalismus inne. Der Mensch will etwas tun, aber alles zerrinnt ihm zwischen den Fingern, er will handeln, doch eine unbestimmte Kraft lähmt ihn, er will etwas schaffen – und erzeugt *confusão*. Alles wendet sich gegen den Menschen, selbst wenn er besten Willens ist, wird er immer wieder in *confusão* versinken. *Confusão* kann unser Denken erfassen, und dann sagen die anderen, im Kopf dieses Menschen herrscht *confusão*. Sie kann in unser Herz dringen, und dann gibt uns unser Mädchen den Laufpaß. Sie kann in der Menge explodieren und eine Menschenmasse ergreifen – dann kommt es zum Kampf, gibt es Tote, werden Brände gelegt. Manchmal verläuft die *confusão* ruhiger, dann nimmt sie die Form einer hektischen, chaotischen, aber unblutigen Zänkerei an. *Confusão* ist ein Zustand völliger Desorientierung. Menschen, die sich innerhalb der *confusão* befinden, verstehen nicht, was um sie herum oder in ihnen selber vorgeht. Sie können auch nicht genau sagen, was diesen konkreten Fall der *confusão* verursacht hat. Es gibt Träger und Säer der *confusão*. Vor denen muß man sich in acht nehmen, doch das ist schwierig, weil eigentlich jedermann in einem gewissen Moment eine *confusão* auslösen kann, auch unfreiwillig. Unter *confusão* verstehen wir auch den Zustand unserer Besorgtheit und Ratlosigkeit. Wir sehen, wie neben uns eine *confusão* wütet, doch wir können nichts tun, um sie zu beenden. Camaradas, hören wir immer wieder, macht keine *confusão*! Hütet euch davor! Aber hängt das von uns ab? Die präziseste Meldung von der Front: Was gibt es bei euch Neues? Was es Neues gibt? *Confusão*! Jeder, der die Bedeutung dieses Wortes kennt, weiß jetzt alles. Es kommt vor, daß die *confusão* riesige Gebiete erfaßt, Millionen Menschen. Dann herrscht Krieg. Der Zustand der *confusão* läßt sich nicht mit einem Schlag beenden, in einem Augenblick liquidieren. Wer hier übertriebenen Eifer an den Tag legt, verfällt selber in *confusão*. Am besten geht man langsam vor und wartet ab.

Nach einiger Zeit verliert die *confusão* an Energie, wird schwächer und löst sich auf. Aus dem Zustand der *confusão* gehen wir erschöpft hervor, aber auch in gewisser Weise zufrieden, daß wir überlebt haben. Und wir sammeln neue Kräfte für die nächste *confusão*.

Wie soll man das alles Menschen erklären, die erst seit ein paar Stunden in Luanda sind? Daher fragen sie, als hätten sie nicht richtig gehört, Felix noch einmal:

Wie ist die Situation?

Und Felix:

Ich sagte es schon – *confusão*.

Sie trollen sich kopfschüttelnd und achselzuckend. Und sie schütteln den Kopf und zucken die Achseln, weil Felix in ihnen *confusão* geweckt hat.

Die nächsten vier Tage versanken in totaler *confusão*. Alle Augenblicke kam einer ins Hotel gestürmt mit dem Ruf: Sie kommen! Sie kommen!, und berichtete atemlos, die Panzerwagen der Südafrikaner ständen schon vor der Stadt. Die einen sagten, sie seien gelb bemalt, andere – grün. Verschiedene Zahlen wurden genannt – erst wurden zehn Wagen gesehen, dann fünfzig und noch mehr. Es war unmöglich, das zu überprüfen: Vielleicht standen sie tatsächlich nur wenige Kilometer entfernt, vielleicht aber waren das auch nur Gerüchte. Oscar hängte in der Rezeption eine Karte von Angola auf. Vor dieser sammelten sich Gruppen, die wütend diskutierten. Jeder wollte mit dem Finger zeigen, wo sich seiner Ansicht nach die Front befand, wer welche Stadt besetzt hatte, wer diese oder jene Straße kontrollierte. Es gab nicht zwei, die das gleiche Bild der Situation zeichneten. Nach ein paar Tagen hatten die zahllosen über die Karte fahrenden Finger von dieser alle Städte, Straßen und Flüsse radiert. Das Land sah aus wie der Ausschnitt eines grauen, nackten Planeten, ohne Menschen und Natur.

Am Montag schiffte sich die portugiesische Garnison ein. Am Morgen kletterten die letzten Verbände über das Fallreep aufs Schiff. Ich kannte einige Offiziere und ging hin, um mich zu verabschieden. Die lokale Bevölkerung wünschte sich nichts sehnlicher, als daß die Garnison so rasch wie möglich abfuhr. Nach Jahren des

Kolonialkrieges konnte es zwischen ihnen weder Verständnis noch Freundschaft geben. Doch ich sah das anders. Ich wußte, daß die Angolaner in der letzten Zeit einigen Offizieren der Garnison, wenn auch nicht allen, viel zu verdanken hatten. Diese Offiziere hatten es verstanden, sich loyal zu verhalten. Auch ich schuldete ihnen Dank. Sie hatten mich freundlich behandelt und mir oft geholfen. Und sie hatten auch nie Befehl gegeben, die Kubaner anzugreifen, obwohl die ersten Soldaten aus Havanna zu einer Zeit eintrafen, als Angola offiziell noch zu Portugal gehörte. Es gibt eine zwischenmenschliche Solidarität, die nicht durch politische Erwägungen zerstört werden sollte.

An diesem Tag fuhr ein Kranwagen durch die Stadt und holte die Statuen der portugiesischen Eroberer von den Sockeln. Gouverneure und Generäle, Reisende und Forscher wurden vor die Zitadelle gebracht und dort in zwei Reihen aus Bronze und Granit abgestellt. Auf den Plätzen und in den Grünanlagen wurde es noch leerer. Zu Mittag landete ein Flugzeug mit ausländischen Delegationen. Es kamen nur wenige. In der Welt ging das Gerücht um, Maschinen der Luftwaffe von Zaire würden an diesem Tag den Flughafen von Luanda bombardieren und dann sei eine Rückkehr unmöglich. Die vorsichtige Mehrheit wartete in ihren Ländern die Entwicklung der Ereignisse in unserer Stadt ab. Sie hatte recht, denn der Beschluß, den Flughafen zu zerstören, wurde – wie sich später herausstellte – erst im letzten Moment rückgängig gemacht.

In der Nacht versammelten sich auf einem der Plätze ein paar tausend Menschen. Es hieß, daß sich keine allzu große Menge versammeln sollte, damit es im Falle eines Luftangriffs kein Massaker gab. Die Nacht war dunkel, wolkenverhangen, und die Szenerie der Versammlung erinnerte an ein konspiratives Treffen von Kimbangu-Anhängern.

Die Domuhr schlug zwölf.

Der 11. November 1975 brach an.

Auf dem Platz herrschte Stille. Agostinho Neto verlas von der Tribüne die Proklamation der Volksrepublik Angola. Seine Stimme versagte, und er mußte einige Pausen machen. Als er geendet hatte, begann die unsichtbare Menge zu applaudieren, die Menschen jubelten. Mehr Reden gab es nicht. Dann verlöschten auf der Tribüne die Lichter, alle gingen eilig auseinander und verschwanden in der Finsternis. An der Nordfront schwiegen die Kanonen. Doch plötzlich begannen die Soldaten in der Stadt aus Freude wild in die Luft zu ballern. Ein chaotischer Lärm setzte ein, die Nacht füllte sich mit Leben.

Im *Tivoli* holte Oscar aus dem Panzerschrank eine für diese Gelegenheit aufbewahrte Flasche Champagner und eine Flasche Whisky. Wir waren die ältesten Bewohner des Hotels, eine Gruppe von Veteranen. Statt uns jedoch in freudige, ausgelassene Stimmung zu versetzen, machte uns der Alkohol noch müder und schlapper. Oscar, der seit langem am Ende seiner Kräfte angelangt war, stieß in trunkener Verzweiflung hervor: Wenn die Unabhängigkeit so aussieht, schieß ich mir eine Kugel in den Kopf. Nach einer Weile kam ihm zu Bewußtsein, daß er etwas Unpassendes gesagt hatte, und er grinste, dann verstummte er vollends und schlief schließlich mit dem Kopf auf dem Tisch, zwischen leeren Gläsern, ein.

Am Morgen fand im Regierungspalast ein Empfang für die ausländischen Delegationen statt. Am selben Tag kabelte ich nach Warschau:

LUANDA PAP 11. 11. DIE UNABHÄNGIGKEITSFEIERN IN LUANDA VERLAUFEN BISHER RUHIG, DIE FESTSTIMMUNG WURDE GESTÖRT VON KANONIEREN DER FNLA, DIE NEUERLICH DIE PUMPSTATION IN QUINFANGONDO BOMBARDIERTEN, WESHALB LUANDA SEIT ZWEI TAGEN OHNE WASSER IST. DESHALB GAB ES HEUTE EIN WILDES GERANGEL UM EINLADUNGEN ZUM EMPFANG VON PRÄSIDENT NETO IM REGIERUNGSPALAST, DENN EIN GERÜCHT BESAGT, DASS ES DORT WASSER GEBEN SOLL.
NACH MELDUNGEN VON – NICHTANGOLANISCHEN – RUNDFUNKSTATIONEN WOLLEN FNLA UND UNITA EINE EIGENE REGIERUNG MIT DER HAUPTSTADT IN HUAMBO AUSRUFEN. HUAMBO WIRD NUR FORMAL HAUPTSTADT SEIN, DER EIGENTLICHE SITZ DIESER ORGANISATIONEN IST KINSHASA. ANGOLA WURDE ALSO EINSTWEILEN IN

ZWEI STAATEN GETEILT MIT UNGEMEIN KOMPLIZIERTEN, SICH NOCH DAZU STÄNDIG VERÄNDERNDEN GRENZEN, JE NACHDEM, WELCHE SEITE HEUTE ODER MORGEN EINE OFFENSIVE DURCHFÜHRT UND WELCHEN TEIL DES LANDES SIE DEM GEGNER ABNIMMT. NUN WIRD VIEL DAVON ABHÄNGEN, VON WIE VIELEN STAATEN UND WIE RASCH ENTWEDER DIE REGIERUNG DER MPLA ODER DIE REGIERUNG VON FNLA-UNITA ANERKANNT WIRD. ES HAT ALSO AUCH NOCH EIN DIPLOMATISCHER KRIEG BEGONNEN.
INZWISCHEN WEITET SICH DER ECHTE KRIEG IMMER MEHR AUS. BEIDE SEITEN WERDEN STÄRKER, ES GIBT IMMER MEHR NEUE, GUT AUSGEBILDETE TRUPPEN UND IMMER MEHR WAFFEN MIT GROSSER ZERSTÖRUNGSKRAFT.
MONTAG 10. NOVEMBER BEGANN DER FEIND EINE NEUE OFFENSIVE AN ZWEI FRONTEN. VON NORDEN VERSUCHTE ER LUANDA EINZUNEHMEN. AM ANGRIFF WAREN PANZERWAGEN UND ARTILLERIE SOWIE KOMPANIEN DER ARMEE VON ZAIRE UND PORTUGIESISCHE SÖLDNER BETEILIGT. IM SÜDEN SÜDAFRIKANISCHE TRUPPEN MIT PANZERWAGEN, DIE FLINKE, STARKE KOLONNEN BILDEN. SIE STOSSEN IN RICHTUNG PORTO AMBOIM UND WEITER AUF LUANDA VOR. IN DIESEM GEBIET ORGANISIEREN DIE KRÄFTE DER MPLA EINE VERTEIDIGUNGSLINIE MIT DER AUFGABE, PORTO AMBOIM UM JEDEN PREIS ZU HALTEN FIN KÖNNT IHR MIR ETWAS GELD UND ZIGARETTEN SCHICKEN??? IM VORAUS BDK BYE.

Ruiz schob den Gashebel zurück: Das Flugzeug sank nach unten. Wir passierten Porto Amboim, ein kleines Fischerstädtchen, dann flogen wir über den breiten, dunklen Fluß Cuvo, noch ein paar Minuten geradeaus, dann wendeten wir und kehrten um. Ruiz gab mir mit der Hand ein Zeichen, aus dem Fenster zu schauen. Unten war die Straße zu sehen, die zum Fluß lief und darin zu verschwinden schien, weil die Brücke über den Fluß zerstört war. Wir flogen neben der Straße her, auf der eine Kolonne Panzerwagen stand, ich zählte einundzwanzig, in einiger Entfernung davon sahen wir Lastwagen mit aufgebockten Geschützen und am Ende fünf Jeeps. Auf beiden Seiten der Straße liefen Menschen hin und her. Wir kehrten über dem anderen Ufer zurück und flogen über die Zickzacklinien der Schützengräben und über Truppenverbände, die die Straße entlangmarschierten, das Flugzeug ging tiefer und setzte schließlich auf dem Rollfeld des Flughafens von Porto Amboim auf.

Ruiz hatte Munition gebracht und kehrte sofort nach Luanda zurück, während ich hierblieb. Bis zur Front am Flußufer waren es nicht einmal zwanzig Kilometer. Ein Soldat mit ganz dunkler Haut brachte mich mit dem Wagen hin. Ich fragte ihn auf portugiesisch, ob er aus Luanda komme. Nein, antwortete er auf spanisch, aus Havanna. In diesen Tagen war es schwierig, nach dem Aussehen zu beurteilen, wer woher stammte, denn die Kubaner hatten viele Einheiten der MPLA mit ihren Uniformen ausgestattet. Das hatte auch psychologische Bedeutung, denn die Truppen der FNLA und UNITA hatten Angst vor den Kubanern. Beim Anblick angreifender Verbände in kubanischer Uniform flohen sie, auch wenn es unter denen vielleicht gar keine Kubaner gab. Die äußeren Unterschiede wurden noch mehr verwischt durch die Tatsache, daß sowohl die Verbände der MPLA als auch der Kubaner rassisch gemischt waren, so daß auch die Hautfarbe nichts besagte. Später ließ das die Legende einer hunderttausend Mann starken kubanischen Armee entstehen, die in Angola kämpfte. In Wahrheit zählte die ganze Armee, die die Republik verteidigte, nicht mehr als dreißigtausend Soldaten, von denen etwa zwei Drittel Angolaner waren.

Wir kamen zu einem Ort, an dem riesige Baumwollmagazine standen. Dort war der Stab der Front untergebracht. Man watete bis zu den Knien in Baumwolle wie in Schnee. Uniformen und Köpfe der Soldaten waren von einem weißen Flaum bedeckt. Hier schlief es sich warm und bequem. Die Front verlief am Fluß entlang. Die südafrikanischen Truppen konnten sie nicht durchbrechen, weil alle Brücken zerstört waren. Darauf waren sie nicht vorbereitet, und nun warteten sie, bis Pontonbrücken herangeschafft wurden. Beide Seiten ließen sich zu sporadischen Scharmützeln hinreißen, fühlten sich aber zu schwach, um einen Angriff zu wagen. Am nächsten Tag sollte ein Schiff mit zwei kubanischen Kompanien und einer Kompanie aus Guinea-Bissau kommen. Auf dem Landweg waren zwei Bataillone der MPLA im Anmarsch.

Im Morgengrauen fuhren wir an die Front. Regen prasselte nieder, und es war erbärmlich kalt. Das Auto rutschte durch den Schlamm, dann mußten wir uns zu Fuß durchschlagen. Wir trafen auf eine Einheit in Auflösung, ein Dutzend Soldaten zogen über die Straße, jeder ein kleines, barfüßiges, vor Kälte zitterndes Kind an der Hand. In der Nacht waren ein paar Frauen mit Kindern auf primitiven afrikanischen Kähnen auf diese Seite gebracht worden. Die Frauen blieben am Ufer, um ihre Habe zu bewachen, und die Kinder wurden von Soldaten nach hinten zur Feldküche geführt, wo sie Essen bekommen sollten.

Ich kehrte am selben Tag mit Ruiz im Flugzeug zurück. In der Maschine lagen einige schwerverwundete Soldaten – einheimische und kubanische. In der Nacht hatte es hundert Kilometer östlich von Porto Amboim ein Gefecht gegeben. Die Südafrikaner hatten versucht, den Fluß zu überqueren. Die Verwundeten gaben keinen Laut von sich, zwei waren bewußtlos. In einer Ecke hockten reglos ein paar afrikanische Frauen. Das Flugzeug flog in den Wolken, es rüttelte arg, unten regnete es. Wir landeten in Luanda in strömendem Regen. Auf einem seitlichen Rollfeld standen zwei Antonows, aus denen Mörser entladen wurden.

Abends an Warschau:

HEUTE KEHRTE ICH VON DER SÜDFRONT ZURÜCK, DIE JETZT AM FLUSS CUVO VERLÄUFT. DETAILLIERTE BESCHREIBUNGEN SPÄTER, JETZT NUR DAS WICHTIGSTE. DER KRIEG IN ANGOLA HAT SEINEN CHARAKTER VERÄNDERT. BIS VOR KURZEM WAR ES VOR ALLEM EIN PARTISANENKRIEG, BÜRGERKRIEG, GEFÜHRT MIT HANDFEUERWAFFEN UND LEICHTEN WAFFEN. DIE INTERVENTION DER SÜDAFRIKANISCHEN TRUPPEN HAT DIE LAGE VERÄNDERT. HEUTE IST DAS ZUNEHMEND EIN KRIEG REGU-

LÄRER ARMEEN UND SCHWERER WAFFEN. DIE JUNGE REPUBLIK BEFINDET SICH IMMER NOCH MILITÄRISCH IN EINER SCHWIERIGEN LAGE. ABER ES BESTEHT AUSSICHT, DASS SIE SICH VERTEIDIGEN KANN. DIE MILITÄRFÜHRUNG ANGOLAS SAMMELT KRÄFTE, UM OFFENSIVE ZU STARTEN.
NOCH ETWAS FÜR DIE AUSLANDSREDAKTION.
MICHAL, HIER RYSIEK, MIR IST LÄNGST DAS GELD AUSGEGANGEN, UND ICH HALTE MICH KAUM NOCH AUF DEN BEINEN. UNGEFÄHR WISSEN WIR, WAS WEITER SEIN WIRD, DAS HEISST, DIE HIESIGEN GEWINNEN, ABER DAS KANN NOCH DAUERN, UND ICH HAB SCHON KEINE KRAFT MEHR, ERBITTE DAHER GENEHMIGUNG, NACH POLEN ZURÜCKZUKEHREN. EINE MASCHINE SOLL NACH LISSABON FLIEGEN, VIELLEICHT NIMMT SIE MICH MIT, OK???

JA, EINVERSTANDEN, WENN DU GENUG HAST, KOMM ZURÜCK

WUNDERBAR, ICH BEREITE MEINE ABREISE VOR

OK, HOL DIE SEGEL EIN, MIREK WIRD DICH IN LISSABON ERWARTEN.

Packen und verabschieden.

Pablo gab mir eine Kiste Zigarren mit auf die Reise.

Comandante Ju-Ju gab mir das Buch von Davidson über Angola.

Und Dona Cartagina? Dona Cartagina weint. Wir haben zusammen die schwierigsten Zeiten erlebt, und wenn ich sie jetzt ansehe, bekomme auch ich feuchte Augen. Dona Cartagina, sage ich, ich komme wieder. Aber ich weiß nicht, ob das, was ich sage, stimmt.

Ich fahre noch zu Präsident Neto, um mich zu verabschieden. Der Präsident wohnt außerhalb der Stadt, in einer Villa, die auf einer Böschung über einer kleinen, von Palmen gesäumten Bucht steht. Dieser Ort heißt Belas. Ich war ein paarmal dort, als ich um ein Interview nachsuchte. Neto empfing mich gern zum Gespräch, aber ein Interview wollte er nicht geben. Schließlich war er doch einverstanden. Das war im September oder Oktober, in den schwierigsten Tagen. Ich glaube, er wollte dieses Interview nicht geben, weil es damals wirklich nicht leicht war, Optimismus zu zeigen. Wir sprachen über Dichtung, ich hatte den letzten Band seiner Gedichte dabei, der in diesem Jahr in Lissabon erschienen war – *Sagrada Esperança.*

As nossas terras
vermelhas do cafe
brancas do algodão
verdes dos milharais
havemos de voltar*

Diese Verse kannte ich auswendig. Neto beklagte, daß er seit langem keine Zeit mehr fand, Gedichte zu schreiben, und deutete mit dem Kopf auf die Karte in seinem Zimmer, in der grüne und gelbe Fähnchen steckten, die die Positionen der FNLA und UNITA bezeichneten. Man betrat die Villa über Stufen, dann kam eine Veranda, das Speisezimmer und dahinter ein Eckzimmer. Das war sein Arbeitszimmer: ein Schreibtisch, Bücherregale vom Boden bis zur Decke, zwei Fauteuils. Oft war Neto ganz allein in der Wohnung, und wenn im Nebenzimmer das Telefon läutete, unterbrach er das Gespräch und ging hinaus, um den Hörer abzunehmen. Neto ist kleingewachsen, schon etwas gebeugt, mit langsamen, gesetzten Bewegungen. Graumeliert, mit Brille, wirkt er wenig energisch, vielleicht auch einfach müde. Für eine solche Gestalt ist eine Bücherwand in einem stillen Arbeitszimmer ein passenderer Hintergrund als eine Tribüne auf einem Platz (obwohl er ein hervorragender Redner ist). Ich habe ihn nie in Uniform gesehen und kann mich auch nicht erinnern, daß er je an die Front fuhr. Er ist über fünfzig Jahre alt, von denen er mehr als die Hälfte im Ausland verbrachte – als Medizinstudent, dann in der Emigration und in Gefängnissen. Er stammt aus der Umgebung von Luanda – sein Vater war Dorf-

* Zu unserer Erde / rot von Kaffee / weiß von Baumwolle / grün von Mais / müssen wir zurückkehren

lehrer und protestantischer Pastor. In diesen frühen Gesprächen mit Neto gab es manche heiklen Momente. Ich wußte, wie schwierig die Lage war, und wollte Details von ihm erfahren, spürte aber gleichzeitig, daß es ungehörig war, solche Fragen zu stellen, die ihn verletzen könnten. Wir schwiegen daher beide, dann verabschiedete ich mich und ging.

Am Abend reinige ich meinen schimmligen Anzug und binde eine Krawatte um: Ich kehre zurück nach Europa. Zum letzten Mal meldet sich Warschau.

HÖR ZU, KÖNNTEST DU EIN PAAR TAGE IN LISSABON BLEIBEN, DORT GIBT ES SPANNUNGEN, EINE ART UMSTURZ, UND IKONOWICZ MUSSTE NACH MADRID FLIEGEN, WEIL FRANCO GESTORBEN IST. WIR HABEN ALSO KEINEN IN PORTUGAL. MACH DAS FÜR UNS UND KEHRE ERST DANN NACH POLEN ZURÜCK, OK?

OK, JA, VERSTEHE, UND JETZT NOCH EINE ANMERKUNG: EMPFANGSSTELLE FÜR AUSLÄNDISCHE NACHRICHTEN PAP – MICHAL FERTAK, STEFAN BRODZIK, HENRYK KOWALCZYK, MICHAL MUSIAL:
MEINE LIEBEN – DA WIR ZUM LETZTEN MAL MITEINANDER VERBINDUNG AUFNEHMEN, WEIL ICH GLEICH LUANDA VERLASSE, WILL ICH EUCH ALLEN FÜR EURE PHANTASTISCHE PÜNKTLICHKEIT, GROSSE GEDULD, AUSDAUER, SORGFALT UND VOR ALLEM DAFÜR DANKEN, DASS IHR MICH NICHT VERGESSEN HABT. DIESE VORZÜGE HABE NICHT NUR ICH ZU SCHÄTZEN GELERNT, SONDERN ALLE KOLLEGEN DER INTERNATIONALEN PRESSE, DIE HIER WAREN, DIE MICH UM DIE PRÄZISE ARBEIT DER TELEXSTATION VON PAP IN WARSCHAU BENEIDET HABEN, WIRKLICH DIE BESTE STATION IN DER GANZEN WELT, SIE KAMEN ZUR ZEIT EURES ANRUFES ZUM TELEX, UM DANACH IHRE UHREN ZU STELLEN. NOCH EINMAL BESTEN DANK FÜR ALLES UND AUF WIEDERSEHEN ZU HAUSE

JA, DANKE AUCH

ALSO MORGEN AUS LISSABON?

JA, WIR WARTEN AUF DAS SIGNAL
EINSTWEILEN GUTE NACHT UND TKS

TKS GUTE NACHT

= . = . = . = . = .

....

....

- / - / -

+ +

+

Der Name *Angola* leitet sich vom Namen des Königs N'Gola ab, der in der zweiten Hälfte des sechzehnten Jahrhunderts den Stamm Mbundu regierte, der in der Gegend des heutigen Luandas siedelte. N'Gola herrschte über das Königreich Ndongo, den südlichen Nachbarn eines anderen großen afrikanischen Königreiches – Kongo. Beide Reiche wurden von der portugiesischen Krone unterworfen und später zerstört.

Das Territorium des heutigen Angola umfaßt 1 246 700 Quadratkilometer. Damit ist es das fünftgrößte Land Afrikas – nach dem Sudan, Zaire, Algerien und Libyen. Angola ist vierzehnmal größer als Portugal und auch größer als Frankreich, die Bundesrepublik Deutschland, Großbritannien und Italien zusammengenommen. Die Länge der Landgrenzen beträgt 4837 km, der Meeresgrenzen 1650 km. Die Landgrenzen sind jedoch nicht genau im Gelände markiert, sie verlaufen durch unbesiedelten Busch, und man kann sie problemlos überschreiten (auch mit dem Auto). Für einen von feindlichen Nachbarn umgebenen Staat stellt das ein ernstes Verteidigungsproblem dar.

Die Bodenbeschaffenheit: Das Land zerfällt in drei geographische Zonen, die von Norden nach Süden verlaufen. Der Küstenstreifen am Atlantik (maximal 200 km breit), niedrig gelegen, Halbwüste und im Süden Wüste. In diesem Streifen wachsen viele Akazien, trockener Schlehdorn und Affenbrotbäume. Weiter östlich – der Höhenstreifen, der malerischste und fruchtbarste Teil des Landes mit ewigem Frühling. Die höchsten Gipfel sind der Moco mit 2620 Metern und der Lubango mit 2566 Metern. Dieses Gebiet ist verhältnismäßig dicht besiedelt und besitzt die besten Voraussetzungen für Feld- und Viehwirtschaft. Der östliche Teil des Landes schließlich ist eine mit spärlichem, dürrem Busch bewachsene Hochebene (400 bis 1000 Meter über dem Meeresspiegel). Sie umfaßt zwei Drittel des gesamten Territoriums und ist wegen des Wassermangels nur dünn besiedelt, vor allem von Nomadenstämmen.

Angola ist ein Land vieler Flüsse; die wichtigsten sind der Cubango (im Südosten), Länge – 975 km, der Cuanza (im Norden), Länge – 960 km (Entlang dieser Flüsse verliefen die wichtigsten Sklavenrouten der Weltgeschichte. Die Sklaven wurden nach Luanda, weltweit der größte Hafen für das Verschiffen von Sklaven, gebracht.), der Cunene (im Süden), Länge – 945 km. An diesem Fluß wurde ein System von neunundzwanzig Wasserkraftwerken errichtet, das für die Republik Südafrika und vor allem Namibia Strom liefert. Der Schutz der Wasserkraftwerke am Cunene, ohne die die Wirtschaft Namibias nicht existieren könnte, war auch der offizielle Grund für die Intervention der südafrikanischen Truppen in Angola.

Das Land besitzt vier Klimazonen mit völlig unterschiedlicher Temperatur und Feuchtigkeit: eine tropisch gemäßigte – im Nordosten, eine gemäßigt heiße im Südosten, die Wüste im Südwesten und eine tropische Zone im Westen.

In Angola gibt es zwei Jahreszeiten: die Regenzeit, von November bis Mai, mit den intensivsten Niederschlägen von Januar bis April, und die Trockenzeit, genannt *cacimbo*, von Juni bis Oktober. In der Trockenzeit ist das Leben im Lande am aktivsten, in der Regenzeit (vor allem dort, wo keine festen Straßen existieren und man noch die traditionelle Feldwirtschaft betreibt) lassen die Aktivitäten nach.

Ein bedeutender Teil Angolas ist von Wald bedeckt – dichtem, feuchtem Regenwald (vor allem im Norden) oder kargem, niedrigem, trockenem Busch (im Osten und Süden). Hier leben zahlreiche wilde Tiere: Elefanten, Giraffen, Löwen, Leoparden, Nilpferde, Nashörner, Antilopen, Hyänen, Schakale, Affen. Es gibt auch eine vielfältige Vogelwelt: Papageien, Pelikane, Marabus, Geier, Nashornvögel, Paradiesvögel usw. Verschiedenste Reptilien: Krokodile, Pythons, Klapperschlangen, Brillenschlangen, Mambas, Anakondas, grüne und schwarze Kobras. Wo es gute Böden und ein günstiges Klima gibt, wachsen die verschiedensten Arten von Blumen und Früchten.

Angola ist reich an Naturschätzen, es besitzt alle Grundstoffe für eine moderne Wirtschaft. Eine Reihe von ihnen wird erst seit einigen Jahren ausgebeutet, und das erst in relativ geringem Ausmaß. Im Jahre 1973 waren folgende, ihrem Wert nach, die wichtigsten Exportartikel: Erdöl (30 Prozent), Kaffee (21 Prozent), Diamanten (10 Prozent), Eisenerz (6 Prozent). Darüber hinaus exportiert Angola Baumwolle, Sisal, Mais, Häute, Früchte. In den letzten Jahren vor der Unabhängigkeit erlebte das Land einen wachsenden Zustrom ausländischen, vor allem amerikanischen Kapitals. In den Jahren 1969–1973 verdoppelte sich der Wert der angolanischen Exporte, besonders wegen der Erdölförderungen in der Provinz Cabinda, die das Kuwait Afrikas genannt wird.

Angola gehört zu den am dünnsten besiedelten Ländern der Erde: Nach der Volkszählung von 1970 hatte es 5 673 046 Einwohner. Man schätzt, daß in Angola über eine halbe Million europäische Siedler wohnen – vorwiegend Portugiesen. Die Zahl der europäischen Bewohner nahm nach dem Zweiten Weltkrieg sprunghaft zu, vor allem in der letzten Phase der Kolonialzeit. 1940 lebten in Angola 44 000 Europäer, 1960 – 170 000, und in den folgenden vierzehn Jahren kamen noch einmal rund 350 000 dazu. Oft waren das Soldaten der portugiesischen Armee, die in den letzten Jahren des Kolonialkrieges über 70 000 Mann zählte. Einen bedeutenden Prozentsatz der Immigranten stellten arbeitslose Bauern und verarmte Kleinbürger, die die Regierungen Salazar und Caetano nach Angola schickten, damit sie sich dort ihren Lebensunterhalt verdienten und so die sozialen Spannungen in der portugiesischen Metropole entschärften. Ein Teil dieser Menschen lebte weiterhin in Armut, und in den Straßen von Luanda konnte man bettelnde weiße Kinder sehen – ein Anblick, der in anderen afrikanischen Ländern undenkbar wäre.

Über 95 Prozent der europäischen Bevölkerung verließen 1975 Angola und fuhren nach Portugal und in andere Länder (vor allem nach Brasilien). Ein Teil kehrt jetzt wieder zurück.

Die afrikanische Bevölkerung Angolas gehört mehrheitlich der Gruppe der Bantus an und zerfällt in über hundert Stämme. Die wichtigsten: Ovimbundu, Kimbundu, Bakongo, Luanda-Quioco und Nganguela. Diese fünf Stämme umfassen etwa 80 Prozent der Bevölkerung. Die übrigen Stämme sind klein, einige zählen nur ein paar tausend Menschen. Über die Hälfte der Einwohner Angolas sind Anhänger verschiedener afrikanischer Religionen. 35 Prozent sind Katholiken und 13 Prozent Protestanten. Die Konflikte und Kriege zwischen den einzelnen Stämmen machen ein wichtiges Kapitel der Geschichte dieses Landes aus. Die Konflikte zwischen den Stämmen dauern bis heute an. Sie spielten auch im letzten Krieg in den Jahren 1975/76 eine wichtige Rolle.

Es gibt zahlreiche Gründe für die dünne Besiedlung des Landes. Drei Jahrhunderte lang wurde ein großer Teil der Bevölkerung versklavt und nach Übersee geschickt. In Angola selber erhielten sich bis zum Jahre 1962 verschiedene Formen der Sklaverei in Form von Zwangsarbeitssystemen. Ein anderer Grund für die Entvölkerung des Landes war die häufige Emigration der afrikanischen Bevölkerung – ungefähr 700000 wanderten aus, vor allem nach Zaire und Südafrika. Weitverbreitete Unterernährung und das Fehlen der primitivsten Gesundheitsvorsorge hatten auch ihren Einfluß auf das niedrige demographische Niveau des Landes.

Die afrikanische Bevölkerung Angolas wurde durch Jahrhunderte gnadenlos verfolgt und ausgerottet. Die Kolonialmächte hielten sie hinsichtlich Ernährung und Kultur auf möglichst niedrigem Niveau. Die Angolaner sind eine der ärmsten Gesellschaften in Afrika. Nach wie vor sind über 90 Prozent der Einwohner Analphabeten. Nur 10 Prozent der Schwarzen wohnen in Städten. Angola ist ein Land armer und hungriger Bauern. Die Mehrheit dieser Menschen lebt weiterhin unter den Bedingungen der sogenannten selbstversorgenden – oder besser: nicht selbstversorgenden – Naturalwirtschaft, das heißt in krassem Elend.

Die Bevölkerung Angolas ist sehr unregelmäßig verteilt. Über die Hälfte der Einwohner lebt in einem Gebiet, das knapp 9 Prozent des Territoriums ausmacht. 91 Prozent der Bewohner leben auf nur 47 Prozent der Gesamtfläche.

Die wichtigsten Städte, nach der Zählung von 1970, sind: Luanda (»die älteste europäische Stadt in Afrika südlich der Sahara« – John Gunther) – ca. 0,5 Millionen Einwohner, Huambo – 62000, Lobito – 60000, Benguela – 41000, Lubango – 32000, Malange – 32000, Cabinda – 22000.

Es muß unterstrichen werden, weil diese Tatsache nicht allgemein bekannt ist, daß die Bewohner Angolas eine multiethnische Gesellschaft bilden. Unter den Angolanern gibt es zahlreiche Weiße und auch viele Mulatten aller Schattierungen. In der Regierung Angolas sitzen einige weiße Minister, in der Armee findet man viele weiße Soldaten, die Weißen bilden einen Teil der Bevölkerung der Städte und Dörfer.

Im Jahre 1482 erreichte der portugiesische Kapitän Diego Cão die Mündung des Kongo. In diesem Teil Afrikas existierte damals das große Königreich Kongo mit der Hauptstadt Mbanza (heute São Salvador). São Salvador ist heute eine kleine Provinzstadt, Hauptstadt der angolanischen Provinz Zaire, aus der Holden Roberto und fast die gesamte Führung der FNLA stammen. Das Jahr, in dem Diego Cão im Königreich Kongo eintraf, kann man als Beginn der portugiesischen Expansion in diesem Teil Afrikas bezeichnen, obwohl die eigentliche koloniale Unterwerfung der angolanischen Gebiete erst neunzig Jahre später einsetzte, als Paulo Dias de Novais im Jahre 1573 die Siedlung Luanda begründete und mit einer Gruppe Soldaten den Fluß Cuanza hinunterfuhr.

Zehn Jahre, nachdem Diego Cão seinen Fuß auf kongolesisch-angolanischen Boden gesetzt hatte, erreichte Columbus die Gestade des amerikanischen Kontinents. Diese beiden Ereignisse sind eng miteinander verknüpft. Die europäischen Emigranten errichteten in den amerikanischen Gebieten Zuckerrohr- und Baumwollplantagen: Damit entstand eine Nachfrage nach massenhafter billiger Arbeitskraft, weil vor allem der Anbau von Zuckerrohr sehr arbeitsintensiv ist. Der Sklavenhandel begann. Die Geschichte des Zuckers und die Geschichte der Sklaverei sind zwei parallel verlaufende Kapitel der Weltgeschichte. Afrika wurde zum Hauptlieferanten von Sklaven – vor allem Angola. Nach Schätzungen von Historikern wurden aus diesen Gebieten 3–4 Millionen Sklaven verschleppt. Diese Ziffer mag heute nicht so schockierend hoch erscheinen, doch man muß die damalige Besiedlungsdichte unserer Erde in Betracht ziehen. In jenen Tagen zählte Portugal, das eine Weltmacht darstellte und zahlreiche Besitzungen auf allen Kontinenten besaß, knapp eine Million Einwohner. Vierhundert Jahre lang wurde die Geschichte Angolas faktisch vom Sklavenhandel geprägt. Noch in der ersten Hälfte des neunzehnten Jahrhunderts machte der Export von Sklaven über 90 Prozent des Gesamtwerts der angolanischen Exporte aus. Ein bedeutender Teil der Bewohner des heutigen Brasiliens, der Dominikanischen Republik und Kubas sind Nachkommen angolanischer Sklaven. Es ist auch kein Zufall, daß Brasilien, trotz der existierenden politischen Unterschiede, als erstes Land die Volksrepublik Angola anerkannte und Kuba den Freiheitskämpfern Angolas die größte Hilfe leistete.

Um die moderne Welt zu begreifen, muß man einen beweglichen Globus zur Hand nehmen und die Szenerie, in der wir leben, aus verschiedenen Perspektiven betrachten. Dann sehen wir, daß der Atlantik eine Brücke darstellt, die die bunte, tropische afro-lateinisch-amerikanische Welt verbindet, die sich zahlreiche ethnische und kulturelle Gemeinsamkeiten bewahrt hat. Für einen Kubaner, der nach Angola kommt, ändern sich weder Klima noch Landschaft und Küche. Für einen Brasilianer ändert sich nicht einmal die Sprache.

Die Ausfuhr von Sklaven war das wichtigste Motiv für die Anwesenheit der Portugiesen in Angola. Um so viele Sklaven wie möglich exportieren zu können, führten die Portugiesen endlose Kriege. »Der portugiesische Kontakt mit Angola«, so schreiben die beiden Historiker Douglas L. Wheeler und René Pelissier in dem Buch *Angola*, »begann mit einem Krieg und wird, wie manche meinen, mit einem Krieg enden. Im Jahre 1578 begann die portugiesische Eroberung Angolas mit einer Militärexpedition, der eine Serie von Kriegen folgte, die ein Jahrhundert dauerten. Doch der Kriegszustand hörte auch Ende des 17. Jahrhunderts nicht auf, im Gegenteil, der Krieg war in der ganzen Zeit von 1579 bis 1921 eher die Regel als die Ausnahme. Unveröffentlichte Dokumente in portugiesischen Archiven beweisen, daß es in 350 Jahren nur 5 Jahre gab, in denen die Portugiesen nicht hier und da in Angola Krieg führten.«

Dieser Raubbau an Menschen hinterließ in Angola eine solche Zerstörung, daß England und Deutschland Anfang des 20. Jahrhunderts geheime Verhandlungen führten, um Portugal die Kolonie abzunehmen und untereinander aufzuteilen. Die Deutschen okkupierten dann auch bis 1915 den südlichen Teil des Landes, und die Afrikaaner (d.h. die Buren) besetzten bis 1928 die Provinz Huila (mit der Hauptstadt Lubango).

Einige Jahrhunderte lang schickten die Portugiesen ihre besten Leute nach Brasilien und die schlechtesten – nach Angola. Angola war eine Strafkolonie, ein Verbannungsort für alle möglichen Verbrecher und jeglichen Abschaum, für alle Randschichten der Gesellschaft. Im alten Lissabon wurde Angola *pais dos degredados* genannt, Land der Verbannten, der Ausgestoßenen, der Gescheiterten. Die negative Auswahl der kolonialen Siedler war ein wichtiger Grund dafür, daß Angola zu den rückständigsten Ländern Afrikas zählte.

Der Freiheitskampf Angolas setzte in größerem Umfang erst gegen Mitte unseres Jahrhunderts ein. Hier einige der wichtigsten Daten:

1948 – Gründung der Kulturbewegung *Vamos descobrir Angola* (Entdecken wir Angola) durch eine Gruppe junger angolanischer Intellektueller. Sie geben zwei Nummern der literarischen Zeitschrift *Mensagem* (Sendung) heraus, die dann von der Polizei verboten wird. Redakteur der Zeitschrift und führende Kraft der Bewegung war der hervorragende angolanische Dichter Viriato da Cruz, seine engsten Mitarbeiter waren zwei weitere Dichter – Agostinho Neto und Mario de Andrade. Das Entstehen der Freiheitsbewegung Angolas ist das Werk dreier Dichter.

1953 – Gründung der ersten Befreiungsbewegung Angolas, PLUA: Partido para a Luta Unida dos Africanos de Angola (Partei des Vereinigten Kampfes der Afrikaner Angolas). Wie alle späteren angolanischen Freiheitsbewegungen entstand und agierte die PLUA konspirativ.

1954 – in Kinshasa Gründung der UPNA: União dos Populacões do Norte de Angola (Verband der Bevölkerung Nordangolas). Eine Stammesorganisation der Bakongo, aus der später die FNLA hervorgeht.

10. Dezember 1956 – aus dem Zusammenschluß der PLUA mit anderen, kleineren Befreiungsgruppen entsteht in Luanda die MPLA: Movimento Popular para a Libertação de Angola (Volksbewegung zur Befreiung Angolas). An der Spitze der Bewegung steht der vierunddreißigjährige Arzt und Dichter Agostinho Neto.

1958 – die UPNA ändert ihren Namen in UPA: União dos Populacões de Angola (Vereinigung der Bevölkerung Angolas).

In dieser Zeit werden, unter dem Einfluß der stürmischen Ereignisse im benachbarten Kongo, zahlreiche, meist kleine angolanische Stammesparteien und -organisationen gegründet. Bis 1967 entstehen 58 solcher Parteien und 26 Organisationen, die jedoch bald wieder von der politischen Szene verschwinden. Die Zersplitterung des politischen Lebens ist in jenen Jahren in Angola schlimmer als im Kongo.

4. Februar 1961 – eine bewaffnete Aktion von Kämpfern der MPLA gegen das Gefängnis in Luanda (die sogenannte Casa de Reclusão Militar), in dem angolanische Patrioten inhaftiert sind. Das ist der Beginn des bewaffneten Kampfes um die Befreiung Angolas.

15. März 1961 – im Norden Angolas ruft die UPA zum Aufstand der Bakongo gegen alle Nicht-Bakongo auf. Kampfgruppen der UPA ermorden portugiesische Zivilisten, angolanische Mulatten, Angehörige der Stämme der Ovimbundu und Kibundu. Der Aufstand wird von der portugiesischen Armee niedergeschlagen und endet in einem schrecklichen Massaker an den Bakongo und der Emigration eines Großteils der Bakongo nach Zaire.

23. März 1962 – die UPA ändert ihren Namen in FNLA: Frente Nacional de Libertação de Angola (Nationale Front zur Befreiung Angolas). An der Spitze der Organisation steht der bisherige Präsident der UPA und langjährige Mitarbeiter einer belgischen Firma im Kongo – Holden Roberto. Holden Roberto wurde 1925 in Angola (São Salvador) geboren, verbrachte jedoch sein ganzes Leben im Kongo (jetzt Zaire), wo er im übrigen immer noch lebt und weitläufige Geschäftsinteressen besitzt – Hotels, Restaurants usw. Die FNLA war und blieb eine auf einen Stamm beschränkte Organisation, die Partei der Bakongo, die sich die Wiedererrichtung des Königreiches der Bakongo und die Einverleibung der übrigen angolanischen Gebiete in dieses zum Ziel setzte. Im Jahre 1970 machten die Bakongo 8 Prozent der angolanischen Bevölkerung aus. Die Gruppe Holden Robertos, die der protestantischen Kirche nahestand, wurde über die baptistische Kirche vom American Committee on Africa finanziert. Der Kampf der FNLA gegen die MPLA hatte auch religiöse Wurzeln, denn in der FNLA sind vor allem Protestanten, während es in der MPLA viele Katholiken gibt.

November 1963 – die Regierung von Zaire schließt in Kinshasa das Hauptquartier der MPLA, das 1961, nach den portugiesischen Repressionen, von Luanda hierher verlegt worden war. Ihr neues Hauptquartier schlägt die MPLA in Conacry auf, später in Brazzaville. In Brazzaville ist seit 1965 eine hundert Mann starke Gruppe von Kubanern als Leibgarde des damaligen Präsidenten der Volksrepublik Kongo, Massemba-Debat, stationiert. Dort nimmt die MPLA erste Kontakte zu den Kubanern auf.

1964 – Spaltung in der sogenannten Angolanischen Revolutionsregierung in der Emigration (GRAE), die zwei Jahre zuvor von der FNLA gebildet wurde. Neben anderen verläßt auch Außenminister Jonas Savimbi die GRAE, der in der Zeitschrift *Remarques Africaines* (25. 11. 1964) einen Brief veröffentlicht, in dem er Holden Roberto der Korruption und des Nepotismus bezichtigt. Savimbi nennt zuerst die Namen der Agenten des CIA, die in der FNLA arbeiten, und zählt dann die Mitglieder der Führung der FNLA auf: »Holden Roberto – Präsident, geb. in São Salvador; John Edouard Pinock, geb. in São Salvador, Cousin Holdens; Sebastião Roberto, geb. in São Salvador, Bruder Holdens; Joe Peterson, geb. in São Salvador, Schwager Holdens; Narciso Nenaka, geb. in São Salvador, Onkel Holdens; Simão de Freitas, geb. in São Salvador, Neffe Holdens; Eduardo Vieira, geb. in São Salvador, Cousin Holdens.«

13. März 1966 – Gründung der UNITA: União Nacional para a Independência Total de Angola (Nationalverband zur Völligen Befreiung Angolas). Gründer und Führer dieser Organisation ist Jonas Savimbi, geboren 1934 in der Provinz Bié als Sohn eines Eisenbahnbeamten. Er studierte einige Zeit in Europa. Dann Militärausbildung in Peking (1964–1965). Die UNITA wurde von portugiesischen Siedlern finanziert, die später die Organisation Frente de Resistência Angolana – FRA – ins Leben riefen. An der Spitze der FRA standen Oberst Gilberto Santos e Castro, der spätere Anführer der Söldner, die an der Seite der FNLA kämpften, und der Millionär und Bankier Antonio Espirito Santo. Sie wollten Angola von Portugal abtrennen und einen Staat weißer Siedler gründen (wie das Ian Smith in Rhodesien getan hatte). Die UNITA ist, ähnlich wie die FNLA, eine Stammesorganisation. Ihre Anhänger rekrutieren sich aus dem Stamm der Ovimbundu. Savimbi, der mit Holden Roberto jahrelang zerstritten war, bildete später mit diesem eine ge-

meinsame Front gegen die MPLA. Ich erinnere mich an ein Plakat, auf dem sich Savimbi und Roberto umarmen. Darunter steht: »Zwei Führer – eine Sonne der Freiheit!«

1968 – die MPLA verlegt ihr Hauptquartier von Brazzaville in die Wälder im Osten Angolas. Die bewaffneten Kämpfe nehmen an Intensität zu.

25. April 1974 – Revolution in Portugal.

15. Januar 1975 – Unterzeichnung des Abkommens in Alvor (Portugal) zwischen MPLA, FNLA, UNITA und der portugiesischen Regierung über die Schaffung einer provisorischen Koalitionsregierung in Angola und Anerkennung der Unabhängigkeit Angolas am 11. November 1975.

30. Januar 1975 – die provisorische Regierung nimmt in Luanda ihre Tätigkeit auf. Nach fünf Monaten verlassen FNLA und UNITA die Regierung.

März 1975 – blutige Zusammenstöße in Luanda. Die hinter der MPLA stehende Zivilbevölkerung wird von Truppen der FNLA angegriffen.

17. April 1975 – Spaltung der MPLA. Der Stabschef der Armee der MPLA, Daniel Chipenda, läuft zur FNLA über. Auch einer der Begründer der Organisation, Mario de Andrade, verläßt die MPLA-Führung.

Juli 1975 – die MPLA vertreibt die Truppen der FNLA aus Luanda. Die MPLA kontrolliert den Großteil des angolanischen Territoriums.

27. August 1975 – erstmals stoßen Truppen der Republik Südafrika in der Region Cunene auf angolanisches Gebiet vor. In einem Scharmützel mit ihnen fällt der Kommandant der Südfront der MPLA – Comandante Kalulu.

19. Oktober 1975 – Beginn der Aggression der Truppen der Republik Südafrika gegen Angola.

5. November 1975 – Eintreffen der ersten kubanischen Verbände in Luanda.

11. November 1975 – Ausrufung der Volksrepublik Angola. Nach dem Programm der MPLA soll die neue Republik eine Volksdemokratie sein, in der die wichtigsten natürlichen Ressourcen und Wirtschaftszweige kollektives gesellschaftliches Eigentum sind. Alle

Bürger haben ein Recht auf Arbeit und Bildung. Angola will eine Politik positiver Neutralität verfolgen. Erster Präsident der Republik wird Agostinho Neto.

November 1975 – Beginn der Konteroffensive der Truppen der MPLA, unterstützt von Verbänden der kubanischen Armee. Im Dezember und Januar werden die Truppen von FNLA und UNITA besiegt.

3. Februar 1976 – die von Oberst Callan angeführte Söldnertruppe wird zerschlagen.

27. März – die letzten Verbände der südafrikanischen Truppen verlassen Angola. Sie kehren auf demselben Weg zurück, den ich zuerst mit Diogenes fuhr und später mit Farrusco und auf dem ich solche Furcht empfand, daß ich es nie vergessen werde. Wo ist Farrusco jetzt? Angeblich lebt er. Während der Invasion haben ihn seine Leute in Lubango versteckt, er war lange ans Bett gefesselt, doch schließlich sind seine Wunden verheilt. Er war ein harter Kerl. Ich weiß nicht, was mit Diogenes geschehen ist. Ich möchte gern daran glauben, daß er noch am Leben ist. Antonio ist gefallen. Carlos ist gefallen. An allen Fronten herrscht Ruhe. Die britischen Söldner, die von der Nordfront flohen, sind schon wieder in London und erzählen, was sie in Angola gemacht haben. »Manche Leute glauben«, sagte einer von ihnen einem Reporter der BBC, »der Krieg sei ein angenehmes, leichtes Kribbeln im Fuß. Das stimmt nicht. Krieg, das sind zu Brei zerschmetterte Schädel, abgerissene Beine, Burschen mit hervorquellenden Gedärmen, die sich im Kreis winden, Burschen, die mit Napalm überschüttet wurden, aber noch leben. Das macht einen hart. Du stößt zum Beispiel auf einen verwundeten Kubaner, drehst ihn auf den Rücken, und er macht eine Bewegung. Du glaubst, er wolle zur Waffe greifen, und erledigst ihn auf der Stelle. Aber vielleicht wollte er nur die Fotografie seiner Frau herausholen und sagen: Hilf mir! Doch du hast ihn erschossen. Du wolltest einfach kein Risiko eingehen. Wenn man in eine bewegliche Menschenwand schießt, schaut man nicht auf die Gesichter, schaut man nicht auf die Menschen. Man schießt einfach auf die Gestalten und bringt sie irgendwie gar nicht mit menschlichen Wesen in Verbindung. Wenn du einen direkt angreifst und mit ihm kämpfst, dann siehst du natürlich, daß er genauso ein Mensch ist wie du, doch dann

geht es um dein Leben. Du mußt ihn töten, bevor er dich tötet. Ich habe den ersten mit siebzehn, siebzehneinhalb, vielleicht achtzehn Jahren getötet, in Aden. Ich hatte später in den Nächten Alpträume – ein Kriegsschock –, ich wachte schreiend auf, aber jetzt, jetzt weiß ich nicht einmal mehr, wie dieser Kerl aussah.«

Auf der Grenzbrücke über den Fluß Cunene nimmt der südafrikanische Verteidigungsminister Pieter Botha die Parade seiner Truppen ab, die aus diesem Krieg heimkehren. Obwohl die Soldaten die Brücke schweigend überqueren, herrschen ringsum wildes Getümmel und Geschrei, weil sich die Soldaten der FNLA und UNITA, die die südafrikanischen Truppen die ganze Zeit begleiteten, in dichten Scharen in den Fluß stürzen und versuchen, schwimmend das namibische Ufer zu erreichen. Viele ertrinken dabei. Doch der Krieg ist beendet, und beendet ist auch die Demokratie der Front, und es gilt wieder das alte Apartheidgesetz: Die Brücke dürfen nur Weiße betreten.

1976

Ryszard Kapuściński

Der Fußballkrieg

Berichte aus der Dritten Welt

Aus dem Polnischen von Martin Pollack

Band 11063

Der Autor war jahrzehntelang in Asien, Afrika und Lateinamerika unterwegs und hat ein Dutzend Aufstände, Bürgerkriege und Revolutionen miterlebt. Aber er ist kein rasender Reporter. Dazu ist er zu bescheiden, zu scharfsinnig, zu subtil. Seine meisterhaften Bücher zeigen, daß er kein bloßer Korrespondent ist, sondern ein Autor vom Schlage Joseph Conrads und Bruce Chatwins. Die Reportage wird in seinem Werk zur Parabel, zur Erzählung, zum Balanceakt zwischen exakter Beobachtung und literarischer Imagination. »So lassen sich diese Reportagen heute noch wie Abenteuergeschichten lesen, als der Versuch, so zu leben, als wäre jeder Tag der letzte Tag.« (*Frankfurter Rundschau*)
»...die Berichte des Bandes ›Der Fußballkrieg‹, gekonnt von Martin Pollack übersetzt, verdienen die gleiche Anerkennung: Sie sind Zeitdokumente, denen es zusteht, als literarische Werke bezeichnet zu werden.« (*Frankfurter Allgemeine Zeitung)*

Fischer Taschenbuch Verlag

fi 477 / 7

Benjamin R. Barber

Demokratie im Würgegriff

Kapitalismus und Fundamentalismus – eine unheilige Allianz

Aus dem Englischen von Günter Seib

Band 13812

Wer die Wirtschaftsnachrichten verfolgt, erhält den Eindruck, daß die Welt stetig zusammenwächst und ein einziger internationaler Markt alle Grenzen zwischen den Nationen auflöst. Wer hingegen die politischen Schlagzeilen liest, ist bald vom Gegenteil überzeugt: Politisch scheint die Welt mehr und mehr auseinanderzufallen; ethnisch und religiös motivierter Brudermord und Bürgerkrieg spalten ganze Nationen und breiten sich beängstigend aus. Und doch sind beide Bewegungen in einemPunkt eng verwandt: Kapitalismus wie Fundamentalismus sind demokratiefeindlich.
Beide versuchen auf unterschiedliche Weise, den Nationalstaat, ehemals die einzige Garantie für eine funktionierende Demokratie, aus den Angeln zu heben. Die Demokratie wird Opfer eines doppelt geführten Angriffs: jenes der grenzenlosen Profitmaximierung auf Kosten jeder Moral oder Religion und jenes des ausgrenzenden, intoleranten religiösen Fanatismus. Ein brillantes, aufrüttelndes Buch über unsere Zukunft.

Fischer Taschenbuch Verlag

fi 248 / 9

Seyla Benhabib

Kulturelle Vielfalt und demokratische Gleichheit

Politische Partizipation
im Zeitalter der Globalisierung

Aus dem Amerikanischen von Ursula Gräfe

Band 14072

Die globale Integration unserer Welt ist nicht in Abrede zu stellen. Doch die Kehrseite dieser Globalisierung ist ebenso unübersehbar: Im Namen vielfältiger kultureller Unterschiede – ethnischer, nationaler, sprachlicher, religiöser – formieren sich Gegenbewegungen von politischer Wirkmächtigkeit. Um ein genaueres Verständnis dieser neu sich artikulierenden Formen kollektiver Identität, dieser von Identität/Differenz bestimmten neuen politischen Bewegungen muß es einer Gesellschaftstheorie gehen, die angesichts der Dynamik aktueller sozialer und politischer Prozesse adäquate Formen politischer Partizipation entwerfen will. Bei der Frage, wie demokratische Identitäten im Zeitalter der Globalisierung gestaltet sein müßten, gilt besondere Aufmerksamkeit dem Problem der Staatsbürgerschaft und Einbürgerungsrechte, das abschließend in den Blick genommen wird.

Fischer Taschenbuch Verlag

fi 1220 / 6

Jared Diamond

Arm und Reich

Die Schicksale menschlicher Gesellschaften

Aus dem Amerikanischen von Volker Englich

Band 14539

In den 13000 Jahren seit der letzten Eiszeit bildeten sich in manchen Gegenden der Welt alphabetisierte Industriegesellschaften heraus, in anderen entstanden schriftlose Bauerngesellschaften und einige Völker leben noch heute als Jäger und Sammler und benutzen Steinwerkzeuge. Diese extrem ungleichen Entwicklungen der menschlichen Gesellschaften führten nicht selten zu schrecklichen Katastrophen, denn die industrialisierten Gesellschaften eroberten die anderen Gegenden der Welt und rotteten ganze Völker aus. Was sind die Wurzeln dieser Ungleichheit, warum überhaupt entstanden verschiedene Gesellschaftsformen?

Ein für allemal räumt Diamond mit jeglichen rassischen und rassistischen Theorien auf und zeigt, daß vielmehr die klimatischen und geographischen Unterschiede am Ende der letzten Eiszeit verantwortlich für die Geschichte(n) der Menschheit sind. ›*Arm und Reich*‹ ist ein Buch über die Vor- und Frühgeschichte, das aktueller und zeitgemäßer nicht sein könnte.

Fischer Taschenbuch Verlag

fi 777 / 13

Nelson Mandela

Der lange Weg zur Freiheit

Autobiographie

Deutsch von Günter Panske

Band 13804

Kaum ein anderer Politiker dieses Jahrhunderts symbolisierte in solchem Maße die Friedenshoffnungen der Menschheit und den Gedanken der Aussöhnung aller Rassen auf Erden wie der ehemalige südafrikanische Präsident und Friedensnobelpreisträger Nelson Mandela, dessen Rolle für seinen Kontinent mit der Gandhis für Indien verglichen wurde. Seine trotz langer Haft ungebrochene Charakterstärke und Menschenfreundlichkeit haben nicht nur die Bewunderung seiner Landsleute, sondern aller friedenswilligen Menschen auf der Welt gefunden.

Obwohl als Häuptlingssohn, hochgebildeter und sprachenkundiger Rechtsanwalt gegenüber der schwarzen Bevölkerung privilegiert, war er doch nicht von vornherein zum Freiheitskämpfer und international geachteten Politiker prädestiniert. Erst die fast drei Jahrzehnte währende Gefängnishaft hat ihn zum Mythos der schwarzen Befreiungsbewegung werden lassen. Nelson Mandelas Lebensgeschichte ist über die politische Bedeutung hinaus ein spannend zu lesendes, kenntnis- und faktenreiches Dokument menschlicher Entwicklung unter Bedingungen und Fährnissen, vor denen die meisten Menschen innerlich wie äußerlich kapituliert haben dürften.

Fischer Taschenbuch Verlag

fi 100 / 8

Paul Kennedy

Aufstieg und Fall der großen Mächte

Ökonomischer Wandel und
militärischer Konflikt von 1500 bis 2000

Aus dem Englischen von Catharina Jurisch

Band 10937

Im sechzehnten Jahrhundert war es das Haus Habsburg, das nach der Vormacht in Europa strebte, im siebzehnten waren es die Könige Frankreichs, und im achtzehnten begann der Aufstieg Großbritanniens zur kolonialen Hegemonialmacht in der Welt. Im zwanzigsten Jahrhundert schlug Deutschlands kurze Stunde, ehe sich das bipolare System der letzten fünfzig Jahre herausbildete. Im ökonomischen und militärischen Wandel der Jahrhunderte spürte Kennedy einen gleichbleibenden Rhythmus auf: Aufstieg, Überdehnung, Erschöpfung, Abstieg – von den Habsburgern im 16. Jahrhundert bis zur UdSSR und den Vereinigten Staaten an der Schwelle zum 21. Jahrhundert.
Kaum je ist ein Geschichtswerk so breit aufgenommen und diskutiert worden wie Kennedys ›Aufstieg und Fall der großen Mächte‹. Monatelang stand es an der Spitze der Bestsellerlisten der USA, Großbritanniens und Japans. Ausgelöst wurde dieses für ein historisches Werk sensationelle Interesse durch Kennedys geschichtlich untermauerte Prognosen: Er sagt den Abstieg Rußlands, der Vereinigten Staaten, den Aufstieg Chinas und Japans und unter bestimmten Bedingungen auch Europas voraus.

Fischer Taschenbuch Verlag

fi 1585 / 9

Stiftung Entwicklung und Frieden

Globale Trends 2000

Fakten Analysen Prognosen

Band 14623

Die **Globalen Trends 2000** liefern die Essenz des Wissens über wichtige Entwicklungstrends in der Weltgesellschaft. Die fünfte Ausgabe aktualisiert nicht nur die zentralen Kapitel der früheren Ausgaben. Sie unterscheidet sich von diesen durch zwei Neuerungen: Erstens beschreibt der renommierte Yale-Professor Paul Kennedy in einem Einführungskapitel Herausforderungen, vor denen wir an der Schwelle zu einem neuen Jahrhundert und Millenium stehen. Zweitens versuchen vier zusammenfassende Struktur- und Trendanalysen, die Teilthemen in größere Zusammenhänge einzuordnen und zentrale Entwicklungsdynamiken und deren Ursachen herauszuarbeiten.

Aus dem Inhalt:

Globale Trends vor der Jahrhundertwende
Globale Herausforderungen des 21. Jahrhunderts -
Globalisierung und Zukunft der Demokratie

Weltgesellschaft
Strukturen und Trends der Weltgesellschaft – soziale Entwicklung –
Bevölkerung und Migration – Frauen und Gleichberechtigung –
Kommunikation, Medien, Wissensgesellschaft

Weltwirtschaft
Strukturen und Trends der Weltwirtschaft – Produktion und Handel –
Finanzströme und Verschuldung – Arbeit und industrielle Beziehungen

Weltökologie
Strukturen und Trends der Weltökologie - Umweltmedien und
Umweltschäden – Umwelt und Konflikte – Tourismus und Nachhaltigkeit

Weltpoltik und Weltfrieden
Strukturen und Trends der Weltpolitik – Rüstung und Sicherheit –
Konflikte und Krisenprävention – Menschenrechte und Demokratie

Fischer Taschenbuch Verlag

fi 571 / 7